Beck'sche Reihe
BsR 510
Große Denker

Bis heute gibt es keine deutschsprachige Gesamtdarstellung von Leben und Werk Adornos. Zu erklären ist das vielleicht durch die ungewöhnliche Produktivität und Vielseitigkeit dieses Intellektuellen, der Philosoph, Soziologe, Musikwissenschaftler und Komponist war und als Kulturkritiker und Gesellschaftstheoretiker, als Musikphilosoph und Verfechter der künstlerischen Moderne anregend wirkte wie nur wenige, seitdem er 1949 aus der US-amerikanischen Emigration nach (West-)Deutschland zurückgekehrt war und zusammen mit Max Horkheimer das Frankfurter Institut für Sozialforschung neu aufbaute. Das Buch sucht die philosophischen Denkmotive und die gesellschaftskritischen und zeitdiagnostischen Analysen Adornos übersichtlich darzustellen. Zu Themenkomplexen gruppiert, werden sie in einem philosophischen, einem gesellschaftstheoretischen und einem ästhetischen Teil wiedergegeben. Sie werden begriffen als Verarbeitungen gesellschaftlicher Erfahrungen – der Erfahrung der Neutralisierung der Kultur in den hochentwickelten Industriegesellschaften, der Erfahrung des siegreichen und erst spät von außen gestoppten Vormarsches des Faschismus in Europa, der Erfahrung des Konformitätsdrucks und der Konformitätsbereitschaft auch und gerade in den USA. Präsentiert als ideenreiche und undogmatische Verarbeitungen bedrängender Erfahrungen fordern die Gedanken und Analysen Adornos zu kritischer Anknüpfung und Fortentwicklung auf.

Rolf Wiggershaus lebt als freier Schriftsteller in Frankfurt am Main. Veröffentlichungen: (Hrsg.) Sprachanalyse und Soziologie (1975); Beitrag über Max Horkheimer und Theodor W. Adorno in Höffe (Hrsg.), Klassiker der Philosophie (1981); Die Frankfurter Schule. Geschichte, Theoretische Entwicklung, Politische Bedeutung (1986).

Die Reihe „Große Denker" wird herausgegeben von *Otfried Höffe*, Professor für Ethik und Sozialphilosophie sowie Direktor des Internationalen Instituts für Sozialphilosophie und Politik der Universität Freiburg i. Ü. (Schweiz). Die bisher erschienenen Titel der Reihe siehe S. 144.

ROLF WIGGERSHAUS

Theodor W. Adorno

VERLAG C.H.BECK MÜNCHEN

Mit 6 Abbildungen
(Merton College: Thomas-Photos, Oxford; die übrigen
Theodor W. Adorno Archiv, Frankfurt/M.)

Dem Hessischen Kultusministerium
danke ich für ein Arbeitsstipendium

CIP-Kurztitelaufnahme der Deutschen Bibliothek

Wiggershaus, Rolf:
Theodor W. Adorno / Rolf Wiggershaus. – Orig.-Ausg. –
München : Beck, 1987.
 (Beck'sche Reihe ; Bd. 510: Große Denker)
 ISBN 3 406 32279 4

Originalausgabe
ISBN 3 406 32279 4

Umschlagentwurf von Uwe Göbel, München
Umschlagbild: Ilse Mayer-Gehrken
© C. H. Beck'sche Verlagsbuchhandlung (Oscar Beck), München 1987
Gesamtherstellung: C. H. Beck'sche Buchdruckerei, Nördlingen
Printed in Germany

Inhalt

Einleitung 7

I. Ein intellektueller Outsider des Bürgertums in der Epoche des Faschismus 11

II. Philosophie des Nichtidentischen: Negative Dialektik   27

1. Messianischer Materialismus 28
2. Nicht-idealistische Dialektik 32
3. Freiheit zum Objekt durch ein Mehr an Subjekt 40
4. Dialektik der Aufklärung 47
5. Minima Moralia 57

III. Kritische Gesellschaftstheorie: Die verwaltete Welt autoritärer Subjekte   60

1. Zwangstheorie der Gesellschaft 62
2. Das soziale Vorurteil und seine Hauptursachen 69
   a) Mißlungene Zivilisation 71
   b) Ohnmacht des Einzelnen 73
   c) Neutralisierung der Kultur 85
3. Kritische gegen administrative Soziologie 90

IV. Philosophie der modernen Kunst: Ästhetischer Schein als Glücksversprechen   101

1. Tendenz des Materials 102
2. Fortschritt in der Musik und die Idee einer musique informelle 106
3. Doppelfunktion der Kunstwerke 112
4. Prohibitive Schwierigkeiten avancierter Künstler 117
5. Glücksversprechen der Kunst 121

V. Die vielfältige Wirkung   126

Anhang

   1. Zeittafel 131
   2. Literaturverzeichnis 133
   3. Personenregister 141
   4. Sachregister 143

Einleitung

Theodor W. Adorno – bei diesem Namen denkt man sogleich an „Frankfurter Schule", „Kritische Theorie", „Institut für Sozialforschung". Diese Namen wiederum stehen für die Geschichte eines Spektrums von Denkpositionen und einer Gruppe von Denkern, deren Anfänge in die 20er Jahre zurückreichen. In jener Zeit wurden bedeutende Ansätze zu einer Erneuerung des Marxismus entwickelt. Sowohl in der Kautskyanischen Marx-Orthodoxie der Zweiten Internationale wie in der Leninistischen Marx-Orthodoxie der Dritten Internationale war die marxistische Theorie zur „wissenschaftlichen Weltanschauung" des Proletariats von den allgemeinen Gesetzen der Geschichte und der Natur geronnen. Seit den 20er Jahren wurden Ansätze zu einer Aktualisierung und Schärfung des ideologisch gewordenen Marxismus entwickelt. Kennzeichnend für sie waren: die Aufwertung von Geschichte, Praxis, Kultur und Bewußtsein in ihrer Eigengesetzlichkeit und Komplexität und die Thematisierung dieser Bereiche mittels der Einbeziehung „bürgerlicher" Philosophie und Wissenschaft. 1930 bediente Karl Korsch sich im Vorwort zur Neuausgabe seiner Schrift *Marxismus und Philosophie* – sie war zuerst 1923 erschienen, im gleichen Jahr wie Georg Lukács' *Geschichte und Klassenbewußtsein* – des Etiketts „westlicher Marxismus". Dieser Begriff erscheint als der geeignetste, um jene Ansätze zusammenfassend zu benennen.

Einen der Stränge des westlichen Marxismus könnte man – einen anerkannten Begriff gibt es nicht dafür – als theologischen oder messianischen Materialismus bezeichnen. Zu seinen pronuncierten Vertretern gehörten Ernst Bloch, Walter Benjamin und Theodor W. Adorno und mit bestimmten Seiten bzw. Phasen ihres Denkens Georg Lukács, Siegfried Kracauer und Max Horkheimer.

Einen anderen Strang bildete die „Kritische Theorie". Sie begann im Zeichen des Programms einer Überwindung der Krise des Marxismus mittels der gegenseitigen Durchdringung von Philosophie und Einzelwissenschaften. Der Sozialphilosoph Max Horkheimer verkündete dieses Programm Anfang 1931 in seiner Antrittsrede als Direktor des Frankfurter Instituts für Sozialforschung. Das Ziel war: eine aktualisierte Theorie der kapitalistischen Klassengesellschaft. Dieses Unternehmen wurde in späteren Jahren modifiziert zu dem einer „Kritischen Theorie", die Raum bot sowohl für Walter Benjamins Projekt einer „Urgeschichte des 19. Jahrhunderts" und Adornos mikrologische Analysen von Phänomenen der Kulturindustrie wie für Horkheimers noch lange festgehaltenes Projekt einer interdisziplinären Theorie des gegenwärtigen Zeitalters.

Bei Adorno verband sich in einzigartiger Weise beides: ein theologisch inspiriertes autonom philosophisches Denken und ein interdisziplinär angelegtes gesellschaftstheoretisches Denken. Wieweit diese Verbindung geglückt ist, darüber kann man streiten. Jedenfalls erwies sie sich als überaus ergiebig und anregend. Außerdem vermochte Adorno wie kaum jemand sonst nach seiner Rückkehr aus der Emigration Motive linksintellektuellen Denkens an jüngere Generationen weiterzugeben, die durch die Zeit nationalsozialistischer Herrschaft von der großartigen Tradition deutsch-jüdischer Kultur abgeschnitten waren. Das Leitmotiv von Adornos Denken: reflektierte Rationalität, die ungeschmälerter Erfahrung zum stringenten Ausdruck verhilft, hat im Laufe der Jahrzehnte seine Aktualität behalten. Auch heute, in einer Zeit, in der Aufklärung und Moderne von vielen für obsolet erklärt werden, ist Adornos Konzeption einer aufgeklärten Aufklärung, die das Recht einer ästhetischen Erfahrung anerkennt, in der Rationalität nicht abdankt, sondern zu aktiver Rezeptivität geschärft ist, eine produktive Herausforderung.

Im vorliegenden Buch geht es darum, die Gedankengänge und Denkfiguren eines zugleich antisystematischen und auf Erkenntnis des Wesens des Ganzen zielenden Denkers in inhaltlich zusammengehörigen Komplexen zu präsentieren. Das soll den nüchternen Umgang mit ihnen erleichtern. Gleichzeitig ergibt sich als roter Faden das bereits genannte Leitmotiv von Adornos Denken. In ihm macht sich das Interesse des „Outsiders des Bürgertums" (Horkheimer), des Juden bzw. in sein Judentum Zurückgezwungenen geltend, dem Erfahrungsgehalt des Denkens nicht weniger Bedeutung zuzumessen als seiner Stringenz. Im Denken muß die eigene Erfahrung Platz finden. Andernfalls wird das Individuum nicht von seiner Borniertheit befreit, sondern entmündigt. Neben der Bedeutung der Freudschen Psychoanalyse und des deutschen Idealismus ist es dieser Erfahrungs- und Aktualitätsbezug seines Denkens, der den radikal gesellschaftskritischen Philosophen Adorno zu einem unverkennbaren Vertreter des westlichen Marxismus macht.

Es gibt bei Adorno keine deutlich unterschiedenen Phasen seines Denkens, keine „Kehren" oder Neuanfänge. Vielmehr wurde von ihm – in erstaunlicher thematischer Breite – entfaltet, was in den frühen Arbeiten den Charakter „traumhafter Antezipation" (Adorno) hatte. Es gibt bei Adorno auch nicht einige wenige Hauptschriften, neben denen das übrige verblaßte. Der Aufbau der vorliegenden Einführung in sein Denken ergibt sich aus folgender Tatsache: Adorno war ein Philosoph, dem es um die Klärung des geschichtlichen Standes des Geistes und der Verfassung der Gesellschaft ging – einer Gesellschaft, in der die Kunst und damit die nach seiner Überzeugung einzige transzendierende Kraft außer der Philosophie neutralisiert und ein Opfer der Kulturindustrie zu werden drohte. Der dreiteilige Aufbau bedeutet kein Zerlegen in den Philosophen, den Soziologen und den Ästhetiker. Er ist vielmehr so gemeint: die Konzeption einer Philosophie des Nichtidentischen (II. Kapitel) bildet eine Art prinzipiellen Horizont für eine kritische Gesellschaftstheorie (III. Kapitel), die das Verhängnis in der Liquidation des Individuums und alles Abweichenden überhaupt sieht, und beides wird gewissermaßen gekrönt von einer philosophisch-gesellschaftstheoretischen Analyse der Rolle der modernen Kunst als der bedrohten Stimme des Nichtidentischen (IV. Kapitel).

Genau so sah auch Adorno selber den Zusammenhang seines

Denkens. Das zeigt besonders sinnfällig eine Passage seines *Offenen Briefes an Max Horkheimer* zu dessen 70. Geburtstag. „Primär war bei Dir", heißt es da, „die Empörung übers Unrecht. Ihre Verwandlung in Erkenntnis des antagonistischen Unwesens, zumal die Reflexion auf eine Praxis, die ihrem eigenen nachdrücklichen Begriff nach eins sein soll mit Theorie, nötigte Dich zur Philosophie als der unnachgiebigen Absage an Ideologie. Ich aber war, nach Herkunft und früher Entwicklung, Künstler, Musiker, doch beseelt von einem Drang zur Rechenschaft über die Kunst und ihre Möglichkeit heute, in dem auch Objektives sich anmelden wollte, die Ahnung von der Unzulänglichkeit naiv ästhetischen Verhaltens angesichts der gesellschaftlichen Tendenz. Bald vereinte sich dann Dein politischer dégout am Weltlauf mit meinem, der mich auf eine alles Einverständnis kündigende Musik verwies." (DIE ZEIT, 12. 2. 65)

I. Ein intellektueller Outsider des Bürgertums in der Epoche des Faschismus

Glanzvoll und beschädigt, privilegiert und ausgesetzt war Adornos Leben. Die Nöte und Gefühle des Alltags von Unterprivilegierten waren ihm fremd und unverständlich. Ausgeprägt war sein Sinn für die Leiden intellektueller und künstlerischer Außenseiter und derer, die sich traumloser Anpassung verweigerten. Das Buch, in dem viele sein Hauptwerk sehen, die *Minima Moralia*, enthält ,,Reflexionen aus dem beschädigten Leben". ,,Treibhauspflanze" heißt der vielsagende Titel eines darin enthaltenen selbst-analytischen Aphorismus. Den Ausgangspunkt der Reflexionen aber bilden Erfahrungen des Intellektuellen in der Emigration. Die *Minima Moralia* entstanden in den USA, wohin der ,,Halbjude" Wiesengrund-Adorno emigriert war. Doch die zeitbedingte Emigration des jüdischen Linksintellektuellen und das zeitlose Außenseitertum des nonkonformistischen Intellektuellen werden in Adornos Reflexionen ununterscheidbar. Der nationalsozialistische Antisemitismus verschärfte ,,nur" die Erfahrungen, die der Intellektuelle Adorno sowieso machte bzw. gemacht hatte. Manchmal wurde das Pathos komisch und aufreizend, ja kalt und narzistisch. Öfter zeugte es von einer verwegenen Ernsthaftigkeit. Wo andere etwas Gutes lobten oder etwas Schlechtes nicht allzu schwer nahmen, suchte Adorno die ,,Gewalt der Rührung" über das Großartige oder das Erschrecken darüber, daß es nichts Harmloses gab, zu artikulieren. ,,Ihm gelang es, kein Erwachsener zu werden, ohne daß er infantil geblieben wäre", meinte Adorno von Alban Berg, den er schätzte und liebte. Ähnliches könnte man von ihm selbst sagen – und hätte damit ein wesentliches Element seiner spezifischen Haltung zur Welt getroffen.

,,Geboren bin ich 1903 in Frankfurt. Mein Vater war deutscher Jude, meine Mutter, selbst Sängerin, ist die Tochter eines französischen Offiziers korsischer – ursprünglich genuesischer – Abstammung und einer deutschen Sängerin. Ich bin in einer ganz und gar von theoretischen (auch politischen) und künstlerischen, vor allem musikalischen Interessen beherrschten Atmosphäre aufgewachsen." So Adorno in den vierziger Jahren in einem Brief an Thomas Mann, der ihn um biographische Angaben für die Darstellung der Entstehung des *Doktor Faustus* gebeten hatte.

Der Vater, Oskar Wiesengrund, ungefähr zur Zeit der Geburt des einzigen Sohnes zum Protestantismus übergetreten, war Eigentümer einer seit 1822 in Frankfurt existierenden Weingroßhandlung, zu der ein großes Weingut im Rheingau gehörte. Die Mutter, eine geborene Maria Calvelli-Adorno della Piana, katholisch, stolz auf ihre Abstammung von einem französischen Offizier aus korsischem Adel und auf der amtlichen Registrierung des Doppelnamens Wiesengrund-Adorno bei ihrem Sohn bestehend, war bis zu ihrer Verheiratung eine erfolgreiche Sängerin gewesen. Zur Familie gehörte ferner die Schwester der Mutter, eine bekannte Pianistin. Die Assimilation des Vaters fiel leicht in einer Stadt, die sich auszeichnete durch den Vorrang des Finanz- und Handelskapitals vor dem Industriekapital, durch bürgerliche Liberalität und einen besonders hohen Anteil jüdischer Bewohner – Kennzeichen, die Frankfurt zur Zeit der Weimarer Republik das böse gemeinte Etikett „Jerusalem am Main" eintrugen.

Adorno hatte eine überaus behütete Kindheit und frühe Jugend, geprägt vor allem von den beiden „Müttern" und der Musik. Mit sechzehn Jahren wurde der ungewöhnlich begabte Gymnasiast zugleich Schüler des Hochschen Konservatoriums in Frankfurt. Sein Klavierlehrer war Eduard Jung, sein Kompositionslehrer Bernhard Sekles, bei dem vor dem Ersten Weltkrieg auch Paul Hindemith studiert hatte. Für eine frühe theoretische Bildung sorgte der vierzehn Jahre ältere Freund und Mentor Siegfried Kracauer. Mit ihm, dem Georg Simmel empfohlen hatte, Philosoph zu werden, der aber mangels finanzieller Basis den Brotberuf des Architekten ausübte, bis er in den zwanziger Jahren Feuilleton-Redakteur an der Frankfurter Zei-

Abbildung 1: Adorno 1917 in Frankfurt am Main

tung wurde, arbeitete Adorno über Jahre hinweg samstags nachmittags auf unkonventionelle Art Kants *Kritik der reinen Vernunft* durch. Unter Kracauers Anleitung lernte er sie als eine Art chiffrierte Schrift sehen, aus der sich der geschichtliche Stand des Geistes ablesen ließ.

Als Adorno 1921 – er hatte ein Jahr der Prima übersprungen – in Frankfurt mit dem Studium der Philosophie, Psychologie und Musikwissenschaft begann, war sein Mentor voller Bewunderung. „Vorerst besteht er zum guten Teil aus Lukács und mir", urteilte Kracauer über Adorno in einem Brief an Leo Löwenthal, einen anderen Schützling, „ihm fehlt vielleicht der philosophische Eros, den Sie besitzen. Allzuviel stammt bei ihm aus dem Intellekt und dem Willen statt aus den Tiefen der Natur. Etwas Unvergleichliches hat er uns beiden voraus, ein herrliches äußeres Dasein und eine wundervolle Selbstverständlichkeit des Wesens. Er ist schon ein schönes Exemplar Mensch; wenn ich auch nicht ohne Skepsis gegen seine Zukunft bin, so beglückt mich doch seine Gegenwart." (Kracauer-Löwenthal, 4. 12. 1921)

In der akademischen Philosophie herrschte in den frühen zwanziger Jahren noch der Neukantianismus. Adornos wichtigster Lehrer war Hans Cornelius, einer der Anreger der Gestaltpsychologie und ein „äußerst scharfsinniger Vertreter eines positivistisch akzentuierten Neukantianismus" (Adorno). Die einzige akademische Attraktion der zwanziger Jahre in der Philosophie war die Husserlsche Phänomenologie mit ihren „materialen Ablegern" bei Scheler und Heidegger. In einem Husserl-Seminar von Cornelius machte Adorno 1922 die Bekanntschaft des acht Jahre älteren Max Horkheimer, der 1921 nach Freiburg gegangen war, um Husserl zu hören, und voller Begeisterung für Heideggers „aus dem eigenen Erlebnis" entspringendes Philosophieren zurückgekommen war. 1924 promovierte Adorno bei Cornelius in Frankfurt mit einer Arbeit über *Die Transzendenz des Dinglichen und Noematischen in Husserls Phänomenologie*. Sie behandelte den Widerspruch zwischen den transzendental-idealistischen und den transzendent-realistischen Komponenten der Husserlschen Dingtheorie. Adorno machte sich den Corneliusschen Standpunkt einer „reinen Immanenzphilosophie" zu eigen, die das Ding als den durch die Einheit des persönlichen Bewußtseins konstituierten gesetzmäßigen Zusammenhang der Erscheinungen begriff und es als ideal und empirisch zugleich betrachtete. Von diesem Standpunkt aus – so das Resultat von Adornos Dissertation, die er selbst für höchst „uneigentlich" und gänzlich „cornelianisch" hielt – erwies sich das behandelte Problem als Scheinproblem und damit als gelöst.

Die für Adorno wichtigsten philosophischen Einflüsse kamen von außerhalb des universitären Bereichs – von Personen, die sämtlich mit der modernen Kunst vertraute theologisch-materialistische Denker waren. Nach Lukács' *Theorie des Romans* war es Ernst Blochs *Geist der Utopie* gewesen, was ihn schon Anfang der zwanziger Jahre beeindruckt hatte. „Es war eine Philosophie, die vor der avancierten Literatur nicht sich zu schämen hatte; nicht abgerichtet zur abscheulichen Resignation der Methode. Begriffe wie ‚Abfahrt nach innen', auf der schmalen Grenzscheide von magischer Formel und Theorem, zeugten dafür." („Henkel, Krug und frühe Erfahrung", in: *Ges. Schr.* 11, 556 f.) 1923 erschien Lukács' Aufsatzsammlung *Geschichte und Klassenbewußtsein*, die mehr noch als die *Theorie des Romans* einen paradigmatischen Stellenwert erhielt und viele junge Intellektuelle zu Anhängern einer im Lichte der Hegelschen Philosophie neu gesehenen marxistischen Theorie machte. Auch bei Adorno wurde die Theorie vom Fetischcharakter der Ware und der allgemeinen Verdinglichung in der bürgerlich-kapitalistischen Gesellschaft zum Kern einer kritischen Sicht der Gesellschaft. 1923 machte er schließlich auch die Bekanntschaft des elf Jahre älteren Walter Benjamin, der – wie Kracauer, wie Lukács, wie Bloch – einer jüdischen Familie entstammte. Benjamin, der nach dem gescheiterten Versuch, sich mit seinem *Ursprung des deutschen Trauerspiels* in Frankfurt zu habilitieren, freier Schriftsteller wurde, wurde nach Kracauer derjenige von Adornos engen Bekannten, dem er am meisten verdankte.

Einen ersten publizistischen Niederschlag fanden die außerakademischen philosophischen Einflüsse in den Musikkritiken Adornos. Allein in den Jahren 1921 bis 1932 erschienen von ihm ca. hundert Artikel musikkritischen oder -ästhetischen Inhalts. Die erste philosophische Veröffentlichung erfolgte dagegen erst 1933 mit der Publikation der Habilitationsarbeit über Kierkegaard. Schon in der ersten Musikkritik tauchte als höchster Orientierungspunkt die Musik Arnold Schönbergs auf. Daß die gegenwärtige Realität der Seele keine Heimat bot, war für den von Kracauer und von Lukács' *Theorie des Romans* geprägten Adorno ausgemacht. Daß in einer solchen Welt im Bereich der Kunst durchseelte Formen möglich waren, stand für ihn ebenso fest: Schönbergs Musik bewies es. Als Adorno im Sommer 1924 beim Musikfest des Allgemeinen Deutschen Musikvereins in Frankfurt am Main die Uraufführung von drei Fragmenten aus Alban Bergs Oper *Wozzeck*, dem bedeutendsten Werk des musikalischen Expressionismus, hörte, klang es für ihn wie Schönberg und Mahler zugleich, wie der unkonventionell geformte Ausdruck der Sehnsucht nach dem Ausbruch aus einer heillosen Zeit. Nach dem Abschluß des Studiums ging Adorno als Doktor der Philosophie Anfang 1925 zu Alban Berg nach Wien mit dem Wunsch, Komponist und Konzertpianist zu werden und als Mitglied des Schönbergkreises dessen Musik durchzusetzen zu helfen. Berg wurde sein Kompositionslehrer; Eduard Steuermann, neben dem Geiger Rudolf Kolisch der maßgebende Interpret der Musik des Schönbergkreises, wurde sein Klavierlehrer.

„Ich bin zu der sicheren Überzeugung gekommen", meinte Berg im Jahr darauf in einem Brief an seinen Schüler, „daß Sie auf diesem Gebiet der tiefen Erkenntnis der Musik (in allen ihren bisher noch unerforschten Belangen, sei es philosophischer, kunsthistorischer, theoretischer, sozialer, geschichtlicher etc etc. Natur) das *Höchste* zu leisten berufen sind u. es in Form großer philosophischer Werke auch erfüllen werden. Ob dabei nicht Ihr musikalisches Schaffen (ich meine das Komponieren), auf das ich so große Dinge setzte, zu kurz kommt, ist eine Angst, die mich immer befällt, wenn ich an Sie denke. Es ist ja klar: Eines Tages werden Sie sich, da Sie doch

Einer sind, der nur auf's Ganze geht (Gott sei Dank!) für Kant *oder* Beethoven entscheiden müssen." (Berg-Adorno, 28. 1. 1926)

Nach dem Sommer 1925 war Adorno nur noch sporadisch in Wien. Er war enttäuscht vom Schönbergkreis, der nicht so festgefügt war, wie er ihn sich, in Analogie zum Georgekreis, vorgestellt hatte. Vor allem aber traf ihn, daß er nicht die Anerkennung Schönbergs zu erringen vermochte – weder mit seiner recht spärlichen kompositorischen Arbeit noch mit seinen philosophisch orientierten Abhandlungen zur Musik. Seine berufliche Zukunft sah er in den folgenden Jahren immer mehr eher in der Philosophie und an der Universität als in der Musik. Die Schönbergsche Revolution in der Musik blieb aber seine Erfahrungsgrundlage für philosophische Gedankengänge, Musikphilosophie der Ausgangs- und Endpunkt seines Denkens.

1927 wollte Adorno sich bei Cornelius mit einer Arbeit über den *Begriff des Unbewußten in der transzendentalen Seelenlehre* habilitieren. Die Abhandlung, die sich wiederum auf den Standpunkt der Corneliusschen Transzendentalphilosophie stellte, zugleich aber die Freudsche Psychoanalyse als ein Mittel zur Entzauberung des Unbewußten begrüßte und mit einem marxistischen Hinweis auf die durch die ökonomische Verfassung der Gesellschaft gesetzten Grenzen der Aufklärung schloß, wurde von Cornelius nach teilweiser Lektüre für zu leicht befunden und von Adorno wieder zurückgezogen. Eine eigentliche Arbeit musikphilosophischer Art zu verfassen und sich damit bei Scheler zu habilitieren, wie Kracauer ihm vorschlug, traute Adorno sich noch nicht zu. Hoffnungen auf eine Stelle als Musikkritiker einer großen Zeitung in Berlin, wo seine Freundin Gretel Karplus wohnte und wo er mit Benjamin und Bloch, aber auch z. B. mit Kurt Weill, Bertolt Brecht und Lotte Lenya zusammenkam, gingen nicht in Erfüllung. 1930 habilitierte er sich in Frankfurt bei dem protestantischen Existentialtheologen und religiösen Sozialisten Paul Tillich, der nach Schelers Tod auf den Frankfurter Lehrstuhl für Philosophie berufen worden war, mit einer Arbeit über *Die Konstruktion des Ästhetischen bei Kierkegaard*. Die Buchpublikation widmete er Kracauer. Im Mai 1931 hielt er seine Antrittsvorlesung als Privatdozent für Philosophie über *Die Aktualität der Philosophie*. Sie enthielt ein Bekenntnis zu einer „deutenden" Variante des dialektischen Materialismus. Zu einer Publikation, die Benjamin hätte gewidmet sein sollen, dessen Vorstellungen Adorno sich in so weitgehendem Maße zu eigen gemacht hatte, kam es nicht. In einem Vortrag über *Die Idee der Naturgeschichte* vor der Frankfurter Ortsgruppe der Kant-Gesellschaft nannte Adorno immerhin Lukács' *Theorie des Romans* und vor allem Benjamins *Ursprung des deutschen Trauerspiels* als Quellen für seine Konzeption. Und im Sommersemester 1932 veranstaltete er – wenn auch nicht mit offizieller Ankündigung im Vorlesungsverzeichnis – ein Seminar über das von der Frankfurter Universität einst abgelehnte Trauerspielbuch.

Die Frankfurter Universität erlebte in diesen Jahren ihre Blütezeit. Außer Tillich lehrten an ihr z.B. der Soziologe Karl Mannheim, der jüdische Religionsphilosoph Martin Buber, der Gestaltpsychologe Max Wertheimer, der dem Georgekreis verbundene Literaturhistoriker Max Kommerell und der ebenfalls dem Georgekreis nahestehende Historiker Ernst Kantorowicz. Gerne hätte Adorno dem Institut für Sozialforschung angehört, das 1923 aufgrund einer großzügigen Stiftung des in Argentinien zum Millionär gewordenen deutsch-jüdischen Getreidehändlers Hermann Weil von dessen Sohn Felix gegründet worden war. Nach der Erkrankung des ersten Direktors des Instituts, des österreichischen Wirtschafts- und Sozialwissenschaftlers und ersten „Kathedermarxisten" (Nenning) Carl Grünberg, hatte 1930 Max Horkheimer die Leitung übernommen.

Adornos Zusammenarbeit mit Horkheimer war eng, obwohl dieser, ein von Schopenhauer geprägter Materialist, Adornos „theologischer Grundüberzeugung" ablehnend gegenüberstand und das auch in seinem ansonsten zustimmenden Zweitgutachten zu Adornos Habilitationsschrift deutlich ausgesprochen hatte. Aber zu einer regulären Mitarbeit Adornos am Institut kam es nicht, nur zur Mitarbeit an der von Horkheimer im Auftrag des Instituts herausgegebenen *Zeitschrift für Sozialforschung*. Adornos im ersten Jahrgang der Zeitschrift erschienener Aufsatz *Zur gesellschaftlichen Lage der Musik* war seine erste große musiksoziologische und -philosophische Abhandlung und enthielt eine Geschichtsphilosophie und eine Typologie der zeitgenössischen Musik, an denen er zeitlebens festhielt.

Im März 1933 wurde das von seinen Mitarbeitern verlassene Institut für Sozialforschung von der Polizei durchsucht und geschlossen. Unter den jüdischen bzw. sozialistischen Professoren, die in Frankfurt sogleich von dem ,,ersten Beurlaubungsschub" betroffen waren, war auch Horkheimer. Adorno, der fürs Dableiben eingetreten und über die Absetzbewegung Horkheimers und seiner Mitarbeiter nach Genf nicht informiert worden war, blieb in Frankfurt. Für das Sommersemester 1933 machte er von seinem Recht, nicht zu lesen, Gebrauch. Für das Wintersemester wurde er nicht mehr ins Vorlesungsverzeichnis aufgenommen. Im September wurde ihm die Lehrbefugnis entzogen. Adorno, der glaubte, der Spuk werde bald vorüber sein, hoffte auf eine Anstellung als Musikkritiker bei der liberalen Vossischen Zeitung in Berlin. Aber sie wurde im April 1934 eingestellt. In seinen seltener erscheinenden Musikkritiken ließ Adorno, noch immer an die Möglichkeit des ,,Überwinterns" glaubend, sich einmal dazu hinreißen, eine Vertonung von Texten Baldur von Schirachs zu loben – ein Lob, das er mit der getarnten Fürsprache für die neue Musik verband. Im Februar 1935 wurde ihm als ,,Nichtarier", der sich nicht ,,aus der rassischen Gemeinschaft heraus seinem Volk verbunden und verpflichtet" fühlte und deshalb für die ,,Verwaltung des deutschen Kulturgutes" nicht geeignet sei, von der Reichsschrifttumskammer die beantragte Aufnahme verweigert und die weitere Veröffentlichung schriftstellerischer Arbeiten verboten.

Um diese Zeit war Adorno bereits seit einem halben Jahr advanced student am Merton College in Oxford mit dem Ziel, dort den englischen Doktortitel in Philosophie zu erwerben und eine akademische Lehrstelle zu übernehmen. Die Aussichten darauf waren indes völlig ungewiß. Abwechselnd in Deutschland und England lebend, arbeitete er vorwiegend an einer Dissertation über Husserls Phänomenologie, daneben aber z. B. auch an Arbeiten über Karl Mannheim, über Wagner,

Abbildung 2: Das Merton College in Oxford

über Beethoven. Die Wiederaufnahme des Kontaktes durch Horkheimer führte schließlich zur Übersiedlung nach New York, wo das Institut für Sozialforschung in einem von der renommierten Columbia University zur Verfügung gestellten Gebäude seit 1934 seine Arbeit fortsetzte. Paul Lazarsfeld, ein gelegentlich mit Horkheimer zusammenarbeitender emigrierter Sozialwissenschaftler aus Wien, wünschte sich Adorno mit seinen „europäischen Ideen" als Leiter des musikalischen Teils des Princeton Radio Research Project, einer von der Rockefeller Foundation finanzierten großangelegten Untersuchung über die Rolle, die der Rundfunk für die verschiedenen Typen von Hörern spielte. Adornos Halbtagsstelle beim Radio-Projekt erlaubte es Horkheimer – der in Adorno den künftigen genialen Mitarbeiter beim seit langem geplanten Buch über dialektische Logik sah, aber die Finanzen des Instituts schonen wollte –,

Adorno in die USA kommen zu lassen. Im Februar 1938 kam Adorno mit seiner Frau dort an und wurde fester Mitarbeiter des Instituts.

Nach ca. zwei Jahren stellte die Rockefeller Foundation trotz Lazarsfelds Fürsprache für Adorno die Finanzierung von dessen Mitarbeit ein, da seine radikale Kritik des US-amerikanischen Rundfunksystems in den Augen des für das Projekt Verantwortlichen keine Reformvorschläge erwarten ließ. Im November 1941 folgte Adorno mit seiner Frau Horkheimer an die Westküste, wo der Institutsleiter sich in einem Bungalow in Pacific Palisades, einem der Orte zwischen Los Angeles und dem Meer, niedergelassen hatte, um endlich sein seit mehr als einem Jahrzehnt geplantes großes Werk über Dialektik zu schreiben.

Von 1941 bis 1949 lebte Adorno in West Los Angeles, in einer Wohnung nicht weit von Horkheimers Bungalow und zugleich nicht weit von Hollywood, dem Zentrum der Kulturindustrie, um das sich eine ganze Kolonie deutscher Emigranten geschart hatte. Der Familienname der Mutter wurde seit der Naturalisierung im Jahre 1943 zu Adornos auch amtlich bestätigtem Nachnamen, während das Wiesengrund zum W. schrumpfte.

Die Jahre an der Westküste bildeten den Höhepunkt von Adornos Schaffen. Von 1942 bis 1944 arbeitete er zusammen mit Horkheimer an einem großen work in progress, von dem 1944 unter dem Titel *Philosophische Fragmente* erste Proben erschienen – in einer vom Horkheimerschen Institute of Social Research herausgegebenen mimeographierten Ausgabe mit einer Auflage von fünfhundert Stück. 1947 erschienen diese Fragmente, entschärft in der kapitalismuskritischen Terminologie, unter dem Titel *Dialektik der Aufklärung* im Amsterdamer Exil-Verlag Querido – und damit ebenfalls an unauffälliger Stelle und in kleiner Auflage – als gedrucktes Buch. Zur noch lange beabsichtigten Fortsetzung der gemeinsamen Arbeit kam es nie. Neben den Aufsätzen des Horkheimer-Kreises in der *Zeitschrift für Sozialforschung* sind es vor allem die *Philosophischen Fragmente* mit ihrer lange Zeit untergründigen Wirkungsge-

Abbildung 3: Adorno in den vierziger Jahren in seiner Wohnung in West Los Angeles

schichte, an die man zu denken hat, wenn im Zusammenhang mit der „Frankfurter Schule" von „Flaschenpost" die Rede ist. Mit diesem Begriff verliehen insbesondere Adorno und Horkheimer ihrem Selbstverständnis Ausdruck. Adressat der Theorie waren – so hieß es in der *Dialektik der Aufklärung* – „weder die sogenannten Massen, noch der Einzelne, der ohnmächtig ist, sondern eher ein eingebildeter Zeuge, dem wir es hinterlassen, damit es doch nicht ganz mit uns untergeht".

Von 1944 bis in die späten vierziger Jahre hinein war Adorno dann an dem vom Institute of Social Research entworfenen, vom American Jewish Committee finanzierten und von einzelnen Mitarbeitern des Instituts sowie außenstehenden Personen durchgeführten Antisemitismus-Projekt beteiligt, und zwar vor allem als Leiter des in Berkeley durchgeführten wichtigsten Teilprojekts, des „Berkeley Project on the Nature and Extent of Antisemitism", dessen Resultat, der Band *The Authoritarian Personality,* sogleich zu einem Klassiker der Soziologie wurde. Daneben entstanden in den Jahren 1944 bis 1947 die dem Freund Horkheimer gewidmeten *Minima Moralia,* eine Sammlung von „Reflexionen aus dem beschädigten Leben". Zusammen mit dem Schönberg-Schüler und Brecht-Freund Hanns Eisler schrieb Adorno außerdem Mitte der vierziger Jahre ein Buch über *Komposition für den Film,* bei dessen englischsprachiger Publikation im Jahre 1947 er allerdings seine Mitautorschaft verleugnete, weil Eisler wegen seines kommunistischen Bruders in eine politische Affäre verwickelt war. Ferner war er in den Jahren 1943 bis 1946 Thomas Manns musikalischer Berater bei dessen Roman *Doktor Faustus.* Schließlich schloß er im Sommer 1948 ein Buchmanuskript über *Die Philosophie der neuen Musik* ab, das, wie so vieles in den USA Entstandene, erst später, in der Bundesrepublik, veröffentlicht wurde.

Sowenig wie andere Opfer der „Wiederherstellung des deutschen Beamtentums" wurde Adorno nach dem Ende der nationalsozialistischen Herrschaft von westdeutschen Stellen und Amtsinhabern gebeten, zurückzukehren und zu einem Neubeginn beizutragen. Erst im August 1949 erreichte ihn ein Brief des Dekans der Philosophischen Fakultät der Frankfurter Universität, in dem es hieß: „Wenn unsere Fakultät Sie nicht schon längst gebeten hat, hierher zurückzukehren und die Stelle, die Sie im Jahre 1933 aufgeben mußten, wieder einzunehmen, so liegt das nur daran, daß wir bisher nicht wußten, wo wir Sie zu suchen hatten. Nachdem uns nun Prof. Dr. Horkheimer Ihre Adresse mitteilt, ist es mir eine angenehme Pflicht, Ihnen im Namen der gesamten Fakultät diese Bitte auszusprechen..." (Vossler, Dekan – Adorno, 8. 8. 49)

Adorno kehrte Ende 1949 nach Frankfurt zurück als Stellvertreter des bereits wieder in sein Amt eingesetzten Horkheimer, der sich nicht reisefähig fühlte. Um die Rückkehr des von Weimarer Zeiten her als finanzkräftig geltenden Horkheimerschen Instituts hatte sich die Universität in der Tat bemüht, und dem geschickt agierenden Horkheimer gelang die weitgehend von dritter Seite finanzierte Neugründung des Instituts. Adornos akademische Karriere aber ging nur langsam vonstatten und erfolgte nicht in Anerkennung seiner wissenschaftlichen Leistungen, sondern im Zeichen der Wiedergutmachung. Erst 1956 wurde er ordentlicher öffentlicher Professor für Philosophie und Soziologie.

Den größten Teil seiner Arbeitskraft widmete Adorno in den fünfziger Jahren der Soziologie. Er war wesentlich beteiligt an der ersten großen Kollektivuntersuchung des neugegründeten Frankfurter Instituts über das politische Bewußtsein der Westdeutschen. Der Forschungsbericht darüber – *Gruppenexperiment* – eröffnete 1955 die von ihm und dem linkskatholischen Publizisten Walter Dirks herausgegebene Reihe der *Frankfurter Beiträge zur Soziologie*. Er half bei der Auswertung der großen Gemeindestudie des Darmstädter Instituts für Sozialwissenschaftliche Forschung, der ersten dieser Art in Deutschland. 1952/53 hielt er sich ein letztes Mal für knapp ein Jahr in den USA auf, um nicht seine US-amerikanische Staatsbürgerschaft zu verlieren. In dieser Zeit führte er für die Hacker Foundation des emigrierten Psychologen und Leiters einer psychiatrischen Klinik in Los Angeles Friedrich Hacker ein Ein-Mann-Projekt über Astrologie durch. Nachdem er wieder in die Bundesrepublik zurückgekehrt war, wurde er geschäftsführender Direktor des Instituts für Sozialforschung. Seit 1959 lag die Leitung ganz in seinen Händen. Nach wie vor pflegte er dabei den Rat Horkheimers einzuholen, der seit den späten fünfziger Jahren in Montagnola in der Schweiz wohnte, aber noch über den Zeitpunkt der Emeritierung im Jahre 1962 hinaus in Frankfurt Lehrveranstaltungen durchführte.

Als 1963 die *Prismen* – eine Sammlung zwischen 1937 und 1953 entstandener Aufsätze zur Soziologie, Philosophie, Literatur, Musik und Zeitdiagnose – als erstes seiner Bücher in einer Massenauflage als Taschenbuch erschienen, wurde damit Ador-

Abbildung 4: Adorno in der zweiten Hälfte der 50er Jahre

nos Rolle als scharfsinnigster Kulturkritiker Westdeutschlands unterstrichen. Als solcher gab er in einer Zeit der Restauration Gedanken der Weimarer intellektuellen Linken weiter. In den sechziger Jahren wurde ihm auch endlich die Anerkennung akademischer Kollegen zuteil: nachdem er 1953 Mitglied des PEN geworden, 1954 die Schönberg-Medaille, 1959 den deutschen Kritikerpreis für Literatur erhalten hatte, wurde er 1963 zum Vorsitzenden der Deutschen Gesellschaft für Soziologie gewählt, 1965 in diesem Amt bestätigt.

Erst zur Zeit der Studentenbewegung wurde Adornos Image als Avantgardist, der vehemente Kritik an Heidegger wie am Neopositivismus geübt und sich für eine „musique informelle" und für Beckett eingesetzt hatte, in Frage gestellt. Der die Theorie zur derzeit fortschrittlichsten Form der Praxis erklärte, zog sich die Verachtung derer zu, die nicht bloß den praktischen Ausbruch aus dem „Restauratorium" (Rühmkorf) Bundesrepublik vollzogen, sondern auch die Kulturrevolution wollten. Und dazu gehörte die Abschaffung der autonomen Kunst. Mit der *Negativen Dialektik* hatte Adorno 1966 seine Fortsetzung der *Dialektik der Aufklärung* und seine Rechtfertigung einer Fortsetzung der Philosophie nach dem Ende der Philosophie vorgelegt. Die *Ästhetische Theorie*, eine Rechtfertigung autonomer Kunst im Zeitalter der Unmöglichkeit autonomer Kunst, erschien posthum. Im Sommer 1968 hatte Adorno in einer Soziologie-Vorlesung davon gesprochen, wie beglückend es für einen älteren Menschen wie ihn sei, durch die Bewegung der Studenten den Beweis erbracht zu sehen, daß die negativen Utopien Huxleys und Orwells sich nicht bewahrheiteten und es mit der Integration doch nicht so einfach gehe. Ein Jahr später, nach der Sprengung seiner Soziologie-Vorlesung und anderen ihn treffenden Vorfällen, war er ratlos. Er verstand die Welt nicht mehr. Am 8. August 1969 starb er während eines Urlaubs in der Schweiz. Zwei große Pläne blieben unverwirklicht: ein Buch über Beethoven, das den Titel *Philosophie der Musik* haben sollte, und ein moralphilosophisches Buch. Unverwirklicht blieb auch, was er, der in den fünfziger und sechziger Jahren ein wichtiger und inspirierender Diskussionspartner bei den Darmstädter Ferienkursen für Neue Musik war, sich für die Zeit nach der Emeritierung vorgenommen hatte: wieder zu komponieren.

II. Philosophie des Nichtidentischen: Negative Dialektik

Mit der Kraft des Subjekts den Trug konstitutiver Subjektivität zu durchbrechen, einen verengten, am Ideal mathematisch-naturwissenschaftlichen Denkens orientierten Rationalitätsbegriff durch ein erweitertes Rationalitätskonzept zu ersetzen, das der Erfahrung des „Nichtidentischen" Raum gab – darin sah Adorno seine Aufgabe als Philosoph. Die Mechanismen bloßzulegen, die das Subjekt und seine Fähigkeit zu selbständigem Denken und unreglementierter Erfahrung schwächten – dazu trugen seine gesellschaftstheoretischen und sozialpsychologischen Arbeiten bei. Den Richtungen in der Kunst beizustehen, in denen das Artifizielle zum Organ der unterdrückten Natur, raffinierte Subjektivität zur Stimme des „Nichtidentischen" an Subjekt und Objekt wurde – das war das Ziel seiner Philosophie der Kunst. Adornos Grundintuition war: im versöhnten Zustand würde ein „neues Subjekt", das in seiner Rationalität besonnen genug war, sich für die Erfahrung der überwältigenden inneren und äußeren Natur offenzuhalten, sein Glück daran haben, daß das Objekt inmitten aller Rationalität des Umgangs mit ihm das Fremde, Ferne, Verschiedene blieb. Auf diese Weise würde die Philosophie das Versprechen halten, das von ihr ausging – würde sie nicht bloß mit dem Staunen beginnen, sondern auch ins Erstaunliche münden.

Doch was unterschied Adorno von jenen Lebens- und Existenzphilosophen, die der Philosophie die Aufgabe zuschrieben, in indirekter Form zu umkreisen, was sich dem direkten Zugriff der Wissenschaften und der Vernunft entzog bzw. durch ihn entstellt und verfehlt wurde? Kennzeichnend für Adorno war: im Zeichen eines „rationalen Revisionsprozesses gegen die Rationalität" (*Philosophische Terminologie*, I, 87) vertrat er einen bei der Zerrissenheit der Realität ansetzenden messianischen Materialismus sowie die Konzeption einer nichtidealistischen Dialektik des Besonderen. Der Sinn für den „Elan der Realität" (Kracauer) und das Bemühen um einen erweiterten Rationalitätsbegriff zeichnen ihn z. B. vor einem ihm in vieler Hinsicht so nahestehenden Denker wie Martin Heidegger aus, dessen Daseinsanalyse in *Sein und Zeit* ein vorübergehendes Unternehmen blieb und dessen Konzept einer „denkenden" oder „eigentlichen Erfahrung" mehr einer eigenwilligen Philologie als einer dialektischen Logik verpflichtet war.

Ein System der Philosophie zu entwickeln kam für Adorno nicht infrage. Im System sah er eine Ordnung, die eine Hingabe an den spezifischen Gegenstand verhinderte und nur ein Denken von oben statt vom Besonderen her zuließ. Sein Ideal war ein enzyklopädisches Denken: rational organisiert und doch diskontinuierlich, immer wieder neu ansetzend, essayistisch (vgl. *Der Essay als Form*, in: *Ges. Schr. 11*). In dieser Form entwickelte er seine Gedanken zu zentralen Themen der Philosophie wie Erkenntnistheorie, Geschichtsphilosophie, Moralphilosophie. Charakteristikum seiner erkenntnistheoretischen Überlegungen ist das Ziel einer „Freiheit zum Objekt" durch „ein Mehr an Subjekt". Im Mittelpunkt seiner geschichtsphilosophischen Reflexionen steht die Konzeption einer „Dialektik der Aufklärung". Symbolisch für seine moralphilosophischen Einsichten ist der Titel seiner in der US-amerikanischen Emigration entstandenen Aphorismen-Sammlung *Minima Moralia*.

1. Messianischer Materialismus

„Keine rechtfertigende Vernunft", so Adorno 1931 in seiner Antrittsvorlesung, „könnte sich selbst in einer Wirklichkeit wiederfinden, deren Ordnung und Gestalt jeden Anspruch der Vernunft niederschlägt; allein polemisch bietet sie dem Erkennenden als ganze Wirklichkeit sich dar, während sie nur in Spuren und Trümmern die Hoffnung gewährt, einmal zur richtigen und gerechten Wirklichkeit zu geraten." (*Ges. Schr.* 1,

325) Die Zerrissenheit der Welt erschien nicht, wie im Idealismus Hegels, als Entzweiung des im Grund Identischen, als aufhebbares Moment des Absoluten. Sie erschien auch nicht, wie in der Lebensphilosophie, als die durch Verstand, Wissenschaft und Technik verursachte Entstellung des darunter liegenden eigentlichen Lebens. Und sie erschien ebenfalls nicht, wie in der Jasperschen Existenzphilosophie oder der Heideggerschen Existentialontologie, als das Uneigentliche gegenüber dem Eigentlichen des im echten Scheitern voll erfahrenen Seins oder des im Vorlauf zum Tod zum authentischen Seinsverständnis gelangenden menschlichen Daseins. Die Zerrissenheit der Welt erhielt bei Adorno vielmehr einen messianischen Stellenwert. Es gab in seinen Augen keine Welt jenseits der zerrissenen. Soweit es Hoffnung gab, mußte sie in den Trümmern selbst enthalten sein. Allein die zerfallene, zerrissene Welt konnte der Schauplatz der Erlösung sein.

Gershom Scholem, der Freund Walter Benjamins und große Philologe der jüdischen Mystik, hat in den sechziger Jahren in einem berühmt gewordenen Vortrag *Zum Verständnis der messianischen Idee im Judentum* das Spezifische des jüdischen Messianismus herausgearbeitet. Es besteht darin, daß die Erlösung als ein Vorgang auf dem Schauplatz der Geschichte und in der Öffentlichkeit vorgestellt wurde. Zudem bestand eine dialektisch verschlungene Spannung zwischen restaurativen und utopischen Momenten. Das ganz Neue ist das Uralte, aber das noch nie so dagewesene Uralte, auf das der Strahl der Utopie gefallen ist. In spannungsvoller Kombination traten außerdem die beiden Momente der Apokalyptik und der Utopie auf. Die Übergangslosigkeit zwischen Geschichte und Erlösung wurde unterstrichen und der Vorstellungskraft entzogen durch die Annahme, im katastrophischen Untergang der Geschichte werde die Wiederherstellung aller Dinge an ihren rechten Ort erfolgen.

Solche Vorstellungen wirkten auf Adorno nur indirekt – vermittelt durch Kracauer, Benjamin, Bloch. Bloch war der am wenigsten Radikale und der Zuversichtlichste unter den genannten drei. Sein *Geist der Utopie* schloß zwar mit einem

Abschnitt *Karl Marx, der Tod und die Apokalypse*. Aber dieser Abschnitt war bestimmt von der Gewißheit, daß am Ende „drinnen in der gotischen Stube der Selbstbegegnung" die explodierte satanische Welt „wie ein Bild unschädlicher Erinnerung an den Wänden hängt" (*Geist der Utopie*, München/Leipzig 1918, 444). Und in der *Philosophie der Musik*, der längsten der im *Geist der Utopie* vereinigten Abhandlungen, war als entscheidendes Kriterium authentischer Kunst angegeben: „wie könnten die Dinge vollendet werden, ohne daß sie apokalyptisch aufhören; wie könnte jedes Ding und jeder Mensch an seine oberste Grenze, dem Sprung entgegen, getrieben werden, dargestellt ... und vollkommen erleuchtet, solange ... der Sprung seiner ganz anders verwandelnden Einsetzung des Herzens Jesu in die Dinge, die Menschen und die Welt noch aussteht" (*a.a.O.*, 183)? Kunst wurde von Bloch mehr nach dem Muster der Symbolik einer himmelwärts strebenden und auf Entmaterialisierung und Verinnerlichung zielenden Gotik als nach dem Muster einer die Widersprüchlichkeit und Zerrissenheit der Welt manifestierenden barocken Allegorik gedeutet.

Kracauer war da weitaus moderner, weitaus antiklassizistischer. Er interpretierte z. B. in dem Adorno gewidmeten und von ihm selbst nie publizierten philosophischen Traktat *Der Detektiv-Roman* diesen als eine ästhetische Komposition, die „aus den blind umgetriebenen Elementen einer zerfallenen Welt ein Ganzes bildet" und „das sich unfaßliche Leben zum übersetzbaren Gegenbild der eigentlichen Wirklichkeit" wandelt (*Schriften* 1, 116f.). Einzig in der Erfahrung des Zwiespalts und der Zerrissenheit der Existenz konnte, so meinte er, ein „Schimmer der Versöhnung" erglänzen und das „messianische Ende" unverzerrt ahnbar werden (*a.a.O.*, 201, 204).

Am entschiedensten aber vertrat Benjamin eine apokalyptisch gebrochene Utopie. Im *Ursprung des deutschen Trauerspiels* verteidigte er z. B. das gemeinhin geringgeschätzte deutsche Trauerspiel mit dem Argument, aus den Trümmern großer Bauten spreche die Idee von ihrem Bauplan eindrucksvoller als aus noch so wohlerhaltenen geringen Bauten. Daß sie im Geiste der Allegorie von Anfang an als „durchdachte Trümmerbauten" konzipiert waren, rechnete er den deutschen Trauerspielen als Verdienst an. Das Leben, das nicht lebte, das verdinglichte Leben wurde bei ihm zur Matrix der Entzauberung der Verdinglichung.

Der Weg, den Adorno, geschult durch solche Vorbilder, für die aktuelle Philosophie einzig noch sah, war: sich den auf keinen übergreifenden Sinn mehr bezogenen „kleinen und intentionslosen Elementen", dem „Abhub der Erscheinungswelt" (so Adorno in Übernahme einer Formulierung Freuds) zuwenden und diese Elemente so lange in wechselnde Konstellationen bringen, bis sie eine Figur bildeten, durch die sich die Wirklichkeit erschloß und die Wahrheit sichtbar wurde. Der Geist, der nicht die Totalität des Wirklichen zu erzeugen oder zu begreifen vermochte, vermochte indes „im kleinen die Maße des bloß Seienden zu sprengen" („Die Aktualität der Philosophie", in: *Ges.Schr.* 1, 344). Die „Schädelstätte" des in sinnlose Trümmer und Bruchstücke zerfallenen Seienden schlug vor dem Blick einer solchen Philosophie in das „Versprechen der Versöhnung" um. Es sei – so meinte Adorno in einem anderen programmatischen Text der frühen dreißiger Jahre – „da das Versprechen der Versöhnung am vollkommensten gegeben ..., wo zugleich die Welt von allem ‚Sinn' am dichtesten vermauert ist" (*Die Idee der Naturgeschichte*, a. a. O., 365).

Adornos Empfänglichkeit für den durch Kracauer, Bloch und Benjamin vermittelten jüdischen Messianismus stand in engem Zusammenhang mit seiner Begeisterung für die neue Musik. Die neue Musik aber – in seinen Augen in erster Linie durch die Schönbergschule verkörpert – stand exemplarisch für die ästhetische Moderne. Sie verfuhr mit Kalkül spontan. Sie bot den paradoxen Einstand von Instinkt und Intellekt, von „Fest des Intellekts" (Valéry) und „Zusammenbruch des Intellekts" (Breton) (cf. H. Friedrich, *Die Struktur der modernen Lyrik*, 109). Sie suchte Konstruktion und Expression, Rücknahme und Überschreiten der Reflexion zu kombinieren, Nichtreflexion reflektiert zu betreiben bzw. Reflexion ins Nichtreflektierbare voranzutreiben. „Aufgabe von Kunst heute ist es, Chaos in die Ordnung zu bringen", hieß es – ganz im Sinne des Programms der deutschen Frühromantik – in den *Minima Moralia*. Diese Chaos-Vorstellung bildete die Entsprechung zur Vorstellung des jüdischen Messianismus von der apokalyptischen Zerrissenheit der Welt.

Die von Adorno in paradoxen Formulierungen konzipierte „deutende Philosophie" hatte einen Text zu lesen, der „unvollständig, widerspruchsvoll und brüchig" war und an dem vieles „der blinden Dämonie überantwortet" sein mochte (*Ges.Schr.* 1, 334). Gemäß Adornos Selbstverständnis war damit der Versuch unternommen, „einen neuen Ansatz des Materialismus zu gewinnen" (Adorno-Kracauer, 8. 6. 31), handelte es sich um „eine Auslegung von gewissen Grundelementen der materialistischen Dialektik" (*Ges.Schr.* 1, 365). In der Tat läßt sich sagen: Adornos von der modernen Kunst inspirierte und messianisch orientierte Konzeption aktueller Philosophie gehört zu den bis heute immer wieder aufs neue faszinierenden Versuchen, einen Ausweg aus der durch die ausgebliebene Revolution ausgelösten Krise des Marxismus zu zeigen. Eugene Lunns Charakterisierung des Benjaminschen Denkens durch ein Kraftfeld mit den drei Polen jüdische Mystik (mit ihren Erlösungs- und messianischen Aspekten), ästhetische Moderne und Marxismus gilt im Prinzip auch für Adorno. Die Kombination dieser drei Momente macht auch seinen spezifischen Beitrag zum westlichen Marxismus aus.

2. Nicht-idealistische Dialektik

Als eine Variante des messianischen Materialismus stand Adornos Denken im Kontrast zu anderen Strömungen der zeitgenössischen Philosophie. Die großen paradigmabildenden Werke der zwanziger Jahre waren außer Georg Lukács' *Geschichte und Klassenbewußtsein* (1923) der *Tractatus logico-philosophicus* (1921) von Ludwig Wittgenstein und *Sein und Zeit* (1927) von Martin Heidegger. Der von Wittgenstein inspirierte logische Positivismus des Wiener Kreises und Heideggers Seinsverständnis-Projekt waren die wichtigsten über den akademischen Bereich hinauswirkenden philosophischen Strömungen. Diese beiden dienten Adorno als Negativfolie für die Bestimmung der eigenen Auffassung von aktueller, avancierter Philosophie.

Auf die Probleme des logischen Positivismus ließ Adorno sich nicht im einzelnen ein. Für ihn bedeutete logischer Positivismus: Verzicht auf die Totalitätsansprüche der Philosophie um den Preis der Abtretung der Schlüsselfunktion der Philosophie an die Einzelwissenschaften und die Entmächtigung des Denkens zu einer Logik der Wissenschaften. Im Heideggerschen Seinsverständnis-Projekt wiederum sah er eine „Pseudokonkretion" (Günther Anders), bei der die Philosophie nicht nur auf ihre Totalitätsansprüche, sondern auf begriffliches Erkennen überhaupt verzichtete. Das unvermittelte „Andenken" ans Sein beim Heidegger nach der „Kehre" verzichtete sogar auf die „Pseudokonkretion" der Fragment gebliebenen Abhandlung über „Sein und Zeit", worin das Seinsverständnis fundamentalontologisch, nämlich durch die Ontologie des menschlichen Daseins vermittelt war.

Als ein beiden Richtungen gemeinsamer Mangel ergab sich für Adorno: daß von der Vermittlung durch das Subjekt abgesehen und das „unmittelbare ‚Dabeisein' lebendig vollziehenden Geistes" (*Eingriffe*, 21) diskreditiert wurde. Nur dessen Dabeisein, so meinte er, konnte verhindern, daß der Subjektivismus einer Philosophie, die des Ganzen mächtig zu sein glaubte, abgelöst wurde durch den „latenten und desto verhängnisvolleren Subjektivismus" (*Stichworte*, 160) einer Philosophie, die das spezifisch philosophische Denken außer Kraft setzte zugunsten einer Logik der Wissenschaften oder eines Andenkens ans Sein. Im spezifisch philosophischen Denken sah Adorno eine nicht-idealistische Dialektik am Werk. Seine Bestimmung von deren Eigenart war um zwei Punkte zentriert: das Hervorkehren des nicht-reduktionistischen Charakters dialektischen Denkens und das Beharren auf der Möglichkeit des Denkens des Besonderen.

So etwas wie eine Folge von Variationen zu dem ersten der beiden Punkte bildeten die Studien über Husserl und die phänomenologischen Antinomien, die aus den Arbeiten der Oxforder Zeit Adornos hervorgingen und in den fünfziger Jahren unter dem Titel *Zur Metakritik der Erkenntnistheorie* publiziert wurden. Adorno brachte sie selber auf den Begriff einer exemplarischen Kritik der „Ursprungsphilosophie", der prima philosophia. Prima philosophia hieß: etwas wurde als das Erste, das Absolute angesehen, dem gegenüber alles andere etwas Sekundäres, Abgeleitetes, Amorphes, Nichtiges war – also nichts wirklich Anderes, das jenseits seiner Unterordnung unter jenes absolut Erste Bedeutung hatte. Entscheidender als die inhaltliche Bestimmung des Ersten – sei es als Denken oder Sein, Geist oder Materie, Subjekt oder Objekt – war die Annahme eines absolut Ersten und die damit vollzogene Setzung von Identität überhaupt. Sie enthielt stets eine Selbsterhöhung des Subjekts. Denn das Subjekt als identisch sich durchhaltendes gab das Urbild alles Identischen und Ersten ab – auch dort, wo das Erste nicht als Geist gedacht wurde. Und das Subjekt gab das Prinzip an, aus dem alles hervorgehen oder von dem alles bestimmt sein sollte, und behielt auch dort, wo das Erste z. B. als Sein konzipiert war, das Privileg, Anwalt des Absolutheitscharakters jenes Seins zu sein. Insofern lag in aller Ursprungsphilosophie eine unreflektierte, unrevidierte Arroganz des Subjekts. Adorno sprach auch von Immanenzphilosophie, um deutlich zu machen, daß das Subjekt ohne Verzicht auf jegliche Form von Ursprungsphilosophie aus seiner Befangenheit in sich nicht auszubrechen und an das Andere nicht heranzureichen vermochte.

„Die Absurdität" – so eine charakteristische Passage in jener Husserl-Studie, in der es um die „Kritik des logischen Absolutismus" ging – „kommt jedoch einzig dadurch zustande, daß ein Glied der Argumentationsreihe isoliert und am bereits vorgegebenen logischen Absolutismus gemessen wird. Gewiß wären die logischen Grundsätze nicht ‚falsch', wenn die Menschengattung ausstürbe. Wohl jedoch wären sie ohne den Begriff eines Denkens, für das sie gelten, weder falsch noch richtig: es könnte von ihnen überhaupt nicht die Rede sein. Denken aber erheischt ein Subjekt, und aus dessen Begriff läßt ein wie immer auch geartetes faktisches Substrat sich nicht austreiben.

Die von Husserl als ‚artiges Spiel' verhöhnte Möglichkeit – ‚aus der Welt entwickelt sich der Mensch, aus dem Menschen die Welt; Gott schafft den Menschen, und der Mensch schafft Gott' – kann nur einem starr-polaren, im Hegelschen Sinn abstrakten Denken schreckvoll erscheinen. Sie bietet einen zwar kruden und naturalistischen, aber keineswegs unsinnigen Einsatz für dialektisches Denken, welches Mensch und Welt nicht als feindliche Brüder hinstellt, deren einer gegenüber dem anderen das Recht der Erstgeburt um jeden Preis zu behaupten hat, sondern sie als wechselseitig sich produzierende und auseinandertretende Momente des Ganzen entwickelt." (*Metakritik*, 97f.)

Die Vorstellung von Mensch und Welt, Geist und Natur, Subjekt und Objekt als wechselseitig sich produzierenden und auseinandertretenden Momenten eines Ganzen, das ein durch Identität und Nicht-Identität gekennzeichnetes Spannungsfeld darstellte, in dem Identität und Nicht-Identität weder zur Identität gelangten noch in Nicht-Identität zerfielen, bildete das Grundmodell von Adornos „eigener ‚transzendenter' Einsicht" (Adorno-Horkheimer, 23. 10. 37). Sie hatte es mit dem Problem zu tun, wie die Konzeption der Dialektik losgelöst von der der Totalität und des Idealismus zu denken war. Eine von der Konzeption der Totalität und der Identität von Subjekt und Objekt als Ausgangs- und Endpunkt abgelöste Dialektik setzte sich dem Einwand aus: nur unter der Voraussetzung einer solchen absoluten Identität erlangten Differenzen und Spannungen den Status von Widersprüchen und Polaritäten; nur der absolute Geist als höchster Richtpunkt ordnete Widersprüche und Polaritäten dem Zusammenhang einer dialektischen Bewegung ein. Was hatte Adorno dem entgegenzusetzen?

„Ich möchte die Frage aufwerfen", meinte er Ende der dreißiger Jahre in einer seiner Diskussionen mit Horkheimer über Positivismus und materialistische Dialektik, „ob nicht unser Ansatz vom Hegelschen wirklich ‚ontologisch' verschieden ist, nämlich ob nicht bei Hegel der Begriff des Faktischen bereits eine ganz andere Bedeutung hat als bei uns, ob nicht bereits die Elemente der Hegelschen Philosophie so präformiert vom Ganzen sind, daß bei ihm der faktische Gegenpart von Anbeginn im Bann des Identitätsprinzips steht. Wenn wir vom Unmittelbaren sprechen, dann ist es wirklich nicht identisch. Bei Hegel ist es nur insoweit nicht identisch, als nicht der ganze Prozeß im Unmittelbaren bereits entfaltet ist. Der ganze Unterschied zu Hegel liegt noch eine Schicht tiefer als die Unterscheidung von Totalität und Unabgeschlossenheit, nämlich ob alles, was in den Kreis des Denkens hereinfällt, als nur Gedanke erscheint oder ob es als wirklich etwas angesehen wird, was nicht hereinfällt, was aber zugleich doch nur in der Relation auf den Gedanken verstanden werden kann." (Horkheimer, *Ges.Schr.* 12, 488)

Das Argument war also: Bei Hegel bildete Dialektik den Bestandteil eines in sich geschlossenen Systems, war Identität das Letzte und Nichtidentität ein Begriff, in dem Nichtidentisches lediglich als Gedanke erschien. ,,Sophistisch wird die Hegelsche Dialektik, wo sie mißlingt. Was das Besondere zum dialektischen Anstoß macht, seine Unauflöslichkeit im Oberbegriff, das handelt sie als universalen Sachverhalt ab, wie wenn das Besondere selbst sein eigener Oberbegriff wäre und dadurch unauflöslich. Eben damit wird die Dialektik von Nichtidentität und Identität scheinhaft: Sieg der Identität über Identisches. Die Unzulänglichkeit der Erkenntnis, die keines Besonderen sich versichern kann ohne den Begriff, der keineswegs das Besondere ist, gereicht taschenspielerhaft dem Geist zum Vorteil, der über das Besondere sich erhebt und von dem es reinigt, was dem Begriff sich entgegenstemmt. Der allgemeine Begriff von Besonderheit hat keine Macht über das Besondere, das er abstrahierend meint." (*Negative Dialektik*, 175)

Gerade wegen ihrer Bindung an die Konzeption der Totalität mußte nach Adornos Ansicht die Hegelsche Dialektik mißlingen. Als eine die idealistische Dialektik nur um ein geringes, aber doch im Entscheidenden korrigierende Variation begriff Adorno die eigene Konzeption von Dialektik, in der Identität nicht das Letzte war und der ,,faktische Gegenpart", wenn er auch nur in der Relation auf den Gedanken verstanden werden konnte, doch nicht als nur Gedanke erschien. Wirkliche Dialektik war Dialektik des Besonderen, war ,,negative Dialektik", die

die Richtung der Begrifflichkeit änderte, sie dem Nichtbegrifflichen zukehrte, und die, indem sie „den Gegenstand auch dort, wo er den Denkregeln nicht willfahrte" (*a. a. O.* 144), denkend respektierte, ans Nichtidentische heranreichte. „Ihre Logik ist eine des Zerfalls: der zugerüsteten und vergegenständlichten Gestalt der Begriffe, die zunächst das erkennende Subjekt unmittelbar sich gegenüber hat. Deren Identität mit dem Subjekt ist die Unwahrheit. Mit ihr schiebt sich die subjektive Präformation des Phänomens vor das Nichtidentische daran, vors individuum ineffabile." (148) Dialektik hatte ihren Erfahrungsgehalt „am Widerstand des Anderen gegen die Identität" (163), destruierte die selbstherrliche Gestalt begrifflichen Erkennens, machte sie brüchig, gebrochen, reflektiert und auf diese Weise überhaupt erst zur Erfahrung des Nichtidentischen fähig.

Mit der Konzeption negativer Dialektik glaubte Adorno einfach konsequent zu Ende gedacht zu haben, was Dialektik hieß, nämlich: weder das Vermittelte noch die Vermittlung, weder Subjekt noch Objekt noch ihre Relation zu hypostasieren, sondern sie als aufeinander bezogene und aus ihrer empirisch-historischen Kontingenz nicht herauslösbare Momente zu behandeln. „Daß beide" – nämlich Subjekt und Objekt – „wesentlich durcheinander vermittelt sind, macht beide zu Urprinzipien gleich untauglich; wollte indessen einer in solchem Vermitteltsein selber das Urprinzip entdecken, so verwechselte er einen Relations- mit einem Substanzbegriff und reklamierte als Ursprung den flatus vocis. Vermitteltheit ist keine positive Aussage über das Sein, sondern eine Anweisung für die Erkenntnis, sich nicht bei solcher Positivität zu beruhigen, eigentlich die Forderung, Dialektik konkret auszutragen." (*Metakritik*, 33)

Wurde aber damit nicht fast schon das Erreichen des Standes der Versöhnung unterstellt? Meinte doch Adorno von ihm: „Wäre Spekulation über den Stand der Versöhnung erlaubt, so ließe in ihm weder die ununterschiedene Einheit von Subjekt und Objekt noch ihre feindselige Antithetik sich vorstellen; eher die Kommunikation des Unterschiedenen ... Friede ist der Stand eines Unterschiedenen ohne Herrschaft, in dem das Unterschiedene teilhat aneinander." („Zu Subjekt und Objekt", in: *Stichworte,* 153) Welchem Stand entsprach negative Dialektik, wenn es weder der ununterschiedener Einheit von Subjekt und Objekt noch der ihrer feindseligen Antithetik noch auch der einer Kommunikation des Unterschiedenen war? Die Antwort darauf enthielt einer der zentralen Sätze der *Negativen Dialektik:* „Das Differenzierte erscheint so lange divergent, dissonant, negativ, wie das Bewußtsein der eigenen Formation nach auf Einheit drängen muß: solange es, was nicht mit ihm identisch ist, an seinem Totalitätsanspruch mißt." (*Negative Dialektik,* 17) Kommunikation des Unterschiedenen gab es – das stand für Adorno fest, der meinte: „Kommunikation mit Anderem kristallisiert sich im Einzelnen, das in seinem Dasein durch sie vermittelt ist" (*Negative Dialektik,* 164); „das in keinen vorgedachten Zusammenhang Auflösliche" transzendiere „als Nichtidentisches von sich aus seine Verschlossenheit" (165); der idealistische Systembegriff erinnere an die „Affinität der Gegenstände zueinander" (36); „das, worin die Gegenstände kommunizieren", sei „Spur der Bestimmtheit der Objekte an sich" (ibid.); die Konzeption des Systems erinnere in verkehrter Gestalt an „die Kohärenz des Nichtidentischen" (ibid.). Negative Dialektik entsprach demnach für Adorno einem Zustand, in dem die Kommunikation des Unterschiedenen einen Mißton in das Getriebe der auf Einheit drängenden Bewußtseinsformation brachte, der – um im Bild zu bleiben – von sensibleren Ohren als nicht-feindselige Antithetik wahrgenommen werden konnte. Negative Dialektik bezog demnach ihre Energie nicht wie die idealistische aus absoluter Identität als Ausgangs- und Endpunkt, sondern aus nicht-absoluter Unterschiedenheit.

Woher aber das Wissen um die „Kohärenz des Nichtidentischen"? Und woher die Kraft des Nichtidentischen zur Kohärenz? Woher die Kraft zur Verhinderung von Hypostasen? War, wenn negativ dialektisches Denken ein qualitativ verändertes identifizierendes Denken war und wenn es zu sagen vermochte, „was etwas sei, während das Identitätsdenken sagt, worunter etwas fällt" (*Negative Dialektik,* 152) – war dann für den Stand der Versöhnung überhaupt noch eine Steigerung der

„Wendung zur Nichtidentität" (146) vorzustellen, es sei denn in der Form, daß doch ein Wegfall begrifflicher Vermittlung angenommen wurde? War negative Dialektik nicht bloß – wie die Konzeption des Schematismus in Kants *Kritik der reinen Vernunft* und die Konzeption der Typik in der *Kritik der praktischen Vernunft* – ein mixtum compositum, in dem, um zwischen Unvereinbarem zu vermitteln, Unvereinbares zusammengezwungen wurde, nämlich die Bestimmungen: daß eine solche Dialektik dem Bann des identifizierenden Denkens unterlag; daß sie ans Nichtidentische heranzureichen und die Affinität der Gegenstände zueinander zur Geltung zu bringen vermochte; daß sie bei erreichter Versöhnung über das freigegebene Nichtidentische keine Macht mehr hätte?

Die Antworten auf solche Fragen blieb Adorno weitgehend schuldig. Das mochte zum Teil dadurch zu erklären sein, daß er auf der Berechtigung theologischer Motive bestand, von denen er zugleich meinte, daß sie in der Gegenwart zur Unsichtbarkeit verurteilt seien. Vom Gelingen oder Mißlingen der Bemühung, die Konzeption der Dialektik von der der Totalität und des Idealismus abzulösen, werde sein und Horkheimers Standpunkt zur Theologie abhängen, hatte er z. B. in den letzten Monaten vor Beginn der gemeinsamen Arbeit an der *Dialektik der Aufklärung* an den gegenüber den theologischen Grundüberzeugungen seines Mitarbeiters äußerst skeptischen Horkheimer geschrieben. „Es will mir scheinen, als ob die Hegelsche Kritik an Kant erst recht gilt, wenn die Lehre von der Identität fallen gelassen wird. Gerade wenn das Endliche in seiner Endlichkeit, jener Nichtigkeit, auf die Sie alles Gewicht legen, ganz ernst genommen wird, zwingt es dazu, sich selber zu übersteigen. Es ist aber genau diese Transzendenz, die mir nur als theologisch faßbar scheint, eben gerade weil ich wie Sie nicht annehmen kann, daß das Wesen des Verschwindenden im Entstehen und Vergehen liegt, weil ich aber ja auch glaube, daß das Verschwindende selber wesentlich ist." (Adorno-Horkheimer, 4. 9. 41) Eine Art „Transzendenz der Sehnsucht" (Adorno) oder „Transzendenz der Verzweiflung" (Thomas Mann, *Doktor Faustus*, 526) – so die an zahllosen Stellen mehr oder weniger

exponiert formulierte Ansicht Adornos – ließ das endliche und
sich seiner Endlichkeit bewußte Subjekt sich dem endlichen,
fremden Objekt zuwenden und entband eine Kommunikation
alles Lebendigen. Soweit in dieser Vorstellung eine gewisse
Plausibilität lag, war sie dadurch erkauft, daß bei Adorno die
„Kommunikation" der Gegenstände, die Kommunikation der
Subjekte und die „Kommunikation" von Subjekt und Objekt
ineinander verschwammen. Dank seiner mehr oder weniger
verschwiegenen „Theologie" empfand Adorno diese Ver-
schwommenheit als ein nicht allzu bedrängendes Problem.

3. Freiheit zum Objekt durch ein Mehr an Subjekt

Auch an den Stellen, die Adornos nüchternste Formulierungen
des möglichen Verhältnisses zwischen Subjekt und Objekt ent-
hielten, wurde kein Unterschied zwischen intersubjektiven Beziehungen und Beziehungen zwischen Mensch und Natur gemacht. Das theologische Motiv der Versöhnung von Menschen
und Dingen klang auch an solchen Stellen unverkennbar an.
Aber es war dann aufgehoben in der Artikulation des Problems,
das bestmögliche Verhältnis zu denken zwischen einem durch
Bewußtsein privilegierten, aber als bewußtes Wesen äußerst
prekär existierenden Subjekt und einem Objekt, das dem Subjekt ausgeliefert, aber zugleich Teil eines dem Subjekt über-
mächtig gegenüberstehenden Naturzusammenhangs war. Jung-
hegelianische Überlegungen zu einer „situierten Vernunft"
(Habermas) und der Konzeption einer situierten Vernunft
dienstbar gemachte idealismuskritische Motive Kierkegaards,
Schopenhauers und Nietzsches wurden von Adorno mittels
psychoanalytischer Einsichten und Kategorien geschärft. Darauf gestützt entwarf er so etwas wie eine dialektisch-materialistische Erkenntnistheorie.

„Um das Ding zu spiegeln, wie es ist, muß das Subjekt ihm
mehr zurückgeben, als es von ihm erhält." Das Subjekt seinerseits ist nur, was ihm die Objektwelt ist. „Nur in der Vermittlung, in der das nichtige Sinnesdatum den Gedanken zur ganzen

Produktivität bringt, deren er fähig ist, und andererseits der Gedanke vorbehaltlos dem übermächtigen Eindruck sich hingibt, wird die kranke Einsamkeit überwunden, in der die ganze Natur befangen ist." Im reflektierten Gegensatz zeigt sich die Möglichkeit der Versöhnung an. „Die Unterscheidung geschieht im Subjekt, das die Außenwelt im eigenen Bewußtsein hat und doch als anderes erkennt." (*Dialektik der Aufklärung*, 222f.)

Das Subjekt ist, was ihm die Objektwelt ist – das war ein einleuchtender Satz, einleuchtend sowohl im Hinblick auf das Verhältnis zwischen Mensch und Natur wie auf das zwischen Menschen. Wem die Objektwelt als feindliche Macht erscheint, der agiert als ein machtorientiertes Subjekt. Wem sie als teils hilfreich, teils feindlich erscheint, der agiert als differenziertes, zu Vertrauen wie Wachsamkeit fähiges Subjekt. Wie aber stand es um die weniger deutlich ausgesprochene Fortsetzung jenes Satzes, die Annahme nämlich: was die Objektwelt dem reflektierten Subjekt ist, das ist sie wirklich?

Um das Ding zu spiegeln, wie es ist, müsse das Subjekt ihm mehr zurückgeben, als es von ihm erhalte – hieß es. Und: das Subjekt habe die Außenwelt im eigenen Bewußtsein und erkenne sie doch als anderes. Diese Vorstellung hatte gleichzeitig etwas Metaphysisches, etwas Märchenhaftes und etwas Realistisches. Etwas Metaphysisches hatte sie, insofern sie annahm, daß die Wahrnehmungen unreduzierter Subjektivität gerade das Potential trafen, das dem Objekt innewohnte. Von der „Wahlverwandtschaft von Erkennendem und Erkanntem" (*Negative Dialektik*, 55) sprach Adorno zum Beispiel, was wie eine abgemilderte Variante der Spinozaschen Lehre von der Korrespondenz der Attribute der unendlichen Substanz klang. Jene Vorstellung hatte etwas Märchenhaftes, insofern sie annahm: wenn sich ein Subjekt fand, das dem Objekt ohne den Gedanken an Tausch, an Wiedervergeltung seine ganze Aufmerksamkeit schenkte, dann würde sich das Objekt als eins erweisen, mit dem Zweisamkeit, wahrhafte Kommunikation, ein reicher Austausch möglich war. Schließlich hatte jene Vorstellung aber auch etwas Realistisches, wenn man sie nämlich so verstand: das

Objekt (im Sinne von Ding oder Natur) konnte für das Subjekt niemals zu einem anderen Subjekt werden. Daß das Subjekt dem Ding mehr zurückgeben mußte, als es von ihm erhielt, charakterisierte einen Dauerzustand. Vielleicht konnte das Subjekt sich zum bewußt kultivierenden Organ der Natur machen, die Natur zu einer weitgehend freundlichen gestalten und dadurch den eigenen freundlichen Charakter verstärken. Es konnte die Natur als eine auf schwer verständliche Weise „sprechende", nachdenklichen Umgang verlangende wahrnehmen. Nur im Sinne eines stets aufs neue irritierten, erstaunten und nachdenklichen Umgangs mit der Natur jedoch war eine Überwindung der „konkreten Einsamkeit, in der die ganze Natur befangen ist", denkbar. Aber ob und in welchem Maß es dazu kam – wovon sollte das abhängen wenn nicht vom Verhältnis der Subjekte zueinander?

Bei Adorno blieben die metaphysischen, die märchenhaften und die realistischen Momente ungeschieden – so ungeschieden wie im Begriff des Objekts die Bedeutungen: andere Subjekte, die Natur, Dinge, Verdinglichtes. Als Resultat ergab sich eine Art Einkreisungs- oder Ausschließungsformel: „ein Mehr an Subjekt" (*Negative Dialektik*, 50) bei gleichzeitigem „Vorrang des Objekts" (*a.a.O.*, 185).

Das Subjekt, von dem es ein Mehr geben sollte, war ein seiner Souveränität entkleidetes, ein zur Einsicht in die Absurdität seines Souveränitätsanspruchs gelangtes. Zur Aufgabe dieses Anspruchs zwang in Adornos Augen u. a. die Freudsche Psychoanalyse. Sie zeigte, daß sich von einer Einheit des Ichs nicht ungebrochen reden ließ. Vielmehr setzte sich das Ich aus Bewußtem und Unbewußtem, aus einander entgegengesetzten psychodynamischen Kräften zusammen. Eben das jedoch, was den Souveränitätsanspruch eines bloß vermeintlich mit sich selbst identischen Subjekts hinfällig machte, konnte einer nicht auf Beherrschung zielenden Erfahrung des Objekts zugute kommen. Es gebe unendlich viele Bereiche, argumentierte Adorno, „in denen wir nur dann wirklich etwas wahrnehmen können, etwas erkennen können, wenn wir uns dabei als ganze Menschen, mit allem was wir an Erfahrung, an Trieb, an Regungen haben, in diese Erkenntnis selber einsetzen, anstatt daß wir von uns abstrahieren und uns zu solchen allgemeinen Subjekten machen" (*Vorlesung zur Einleitung in die Erkenntnistheorie*, 117f.).

Der Einsatz der Gesamtperson in ihrer ganzen Komplexität war nach Adornos Überzeugung unbedingt erforderlich im ästhetischen und psychologischen Bereich. Ausdrücklich auf die Frage einzugehen, ob es denn auch eine Naturerfahrung unter Einsatz der Gesamtperson gebe und wie sie vorzustellen sei, vermied er. Es blieb bei ihm in der Schwebe, ob die zugerüstete und die offene Erfahrungsweise konkurrierende oder komplementäre Erkenntnisformen waren; ob sie das eine oder das andere in allen oder nur in bestimmten Bereichen waren; ob in der offenen Erfahrungsweise die zugerüstete aufgehoben sein sollte oder ob die offene Erfahrungsweise bloß als dauerndes Korrektiv der zugerüsteten vorstellbar war; ob Wissenschaft und Logik von Hause aus „herrschaftlich" und „terroristisch" waren oder ob solche Züge nur Indizien ihrer Entstellung waren; ob die offene Erfahrungsweise ein glücklichen Zufällen und idiosynkratischen Zügen verdanktes Privileg war und das Wahrheitskriterium einzig in der Überzeugung bestand, die „ersehnte Sache" selbst „präsentiert" zu haben (cf. z. B. „Wozu noch Philosophie", in: *Eingriffe*, 23), oder ob zumindest die Ergebnisse jener Erfahrungsweise einer Form kollektiver Überprüfung zugänglich waren.

„Ein Mehr an Subjekt" bei gleichzeitigem „Vorrang des Objekts" – was das hieß, suchte Adorno zwar in ästhetischen und sozialpsychologischen Analysen praktisch vorzuführen, aber in seinen grundsätzlichen und methodologischen Ausführungen begnügte er sich mit Paraphrasierungen einer Denkfigur, die eine eigenwillige Abwandlung der von Lukács in seinem Aufsatz über „Die Verdinglichung und das Bewußtsein des Proletariats" entwickelten Konzeption des Proletariers als denkender Ware war, deren Bewußtwerden den Fetischcharakter einer jeden Ware durchschaubar und die warenproduzierende Gesellschaft aufhebbar machte. Ein Mehr an Subjekt hieß für Adorno: Steigerung der Subjektivität durch die reflektierte Einbeziehung dessen, was das selbstherrliche, sich autonom dünkende Subjekt an sich selbst verdrängte: daß es ein Stück Natur war. ,,Mimetisches Reaktionsvermögen", ,,somatisches Moment", ,,vor-ichlicher Impuls", ,,das Hinzutretende" – das waren lauter Ausdrücke Adornos für das, wovon in der Philosophie üblicherweise abstrahiert wurde und ohne das z. B. in erkenntnistheoretischen Erwägungen die objektive Bestimmtheit des Objekts unzugänglich, in moralphilosophischen Erwägungen die Fähigkeit zum richtigen Handeln in prekären Situationen unverständlich blieb. Kurz, ein Mehr an Subjekt hieß für Adorno: ein Subjekt, das sich als denkende Natur begriff. Im Subjekt als denkender Natur, im Subjekt, dessen mimetische Momente dem Nichtidentischen der Objektwelt in ursprünglicher Einheit verbunden sind, erlebt die ganze Natur ihre Erhellung durch Vernunft und Reflexion, und zwar dergestalt, daß das Objekt als ein Objekt anerkannt wird, dem nicht selber Stimme verliehen ist, dem aber Ausdruck und Stimme verliehen ist durch das sich als Natur begreifende Subjekt.

Macht man sich auf diese Weise die Adornosche Konzeption klar, wird deutlich, daß von einer Kommunikation zwischen Subjekt und Objekt – im Sinne von Mensch und Natur – keine Rede sein konnte. Äußerstenfalls ließ sich sagen: der Mensch vernahm die stumme Natur und lieh ihr seine Stimme. Aber er sprach nicht zur Natur. Die beiden sprachen nicht miteinander. (Man konnte in Adornos Konzeption auch den Versuch zur Säkularisierung von Benjamins theologischer Sprachtheorie sehen. Nach ihr gab es eine Hierarchie, die vom stummen Wort im Dasein der Dinge über das benennende Wort in der Erkenntnis des Menschen zum schaffenden Wort Gottes reichte. Ein gereinigter Begriff von Sprache hatte – wie es in Benjamins Abhandlung ,,Über Sprache überhaupt und über die Sprache des Menschen" hieß (*Ges. Schr.* II, 157) – zum Gegenstand den ,,ununterbrochenen Strom" der Mitteilung des geistigen Wesens der Wesen, der ,,durch die ganze Natur vom niedersten Existierenden bis zum Menschen und vom Menschen zu Gott" floß. ,,Der Mensch teilt sich Gott durch den Namen mit, den er der Natur und seinesgleichen (im Eigennamen) gibt, und der

Natur gibt er den Namen nach der Mitteilung, die er von ihr empfängt, denn auch die ganze Natur ist von einer namenlosen stummen Sprache durchzogen, dem Residuum des schaffenden Gotteswortes, welches im Menschen als erkennender Name und über dem Menschen als richtendes Urteil schwebend sich erhalten hat.")

Die Pointe, auf die Adornos Wendung vom Vorrang des Objekts hinauslief, unterstrich denn auch, daß das Mehr an Subjekt eine Steigerung des Vermögens zum Vernehmen des Objekts bedeutete, nicht aber das Erreichen einer Kommunikation mit ihm, auch nicht eine qualitativ andere Bearbeitung der Natur. Die Äquivokation im Begriff des Vorrangs des Objekts gab Adorno Gelegenheit, zwischen einem hinzunehmenden, einem veränderbaren und einem erstrebenswerten Vorrang des Objekts zu unterscheiden.

Hinzunehmen war die Unablösbarkeit des Geistes von Natur, letztlich die überwältigende Asymmetrie zwischen dem Universum und der Menschheit. „Vom Subjekt ist Objekt nicht einmal als Idee wegzudenken; aber vom Objekt Subjekt. Zum Sinn von Subjektivität rechnet es, auch Objekt zu sein; nicht ebenso zum Sinn von Objektivität, Subjekt zu sein ... Vermittlung des Objekts besagt, daß es nicht statisch, dogmatisch hypostasiert werden darf, sondern nur in seiner Verflechtung mit Subjektivität zu erkennen sei; Vermittlung des Subjekts, daß es ohne das Moment der Objektivität buchstäblich nichts wäre." (*Negative Dialektik*, 184, 186f.)

Veränderbar war der Vorrang des Objekts im Sinne der Übermacht der Objektivationen des selbstherrlichen Subjekts über die „lebendigen" Subjekte. Solche Objektivationen – verselbständigte Resultate von Leistungen der „verdinglichten" Subjektivität – sah Adorno im Unter- wie im Überbau, im Tauschprinzip wie im identifizierenden Denken, in der Abstraktion vom Gebrauchswert der Waren wie in der von den konkreten Objekten.

Worauf es Adorno aber beim Begriff des Vorrangs des Objekts vor allem ankam, war dessen positive Bedeutung. Vorrang des Objekts hieß dann: Vorrang des unter der Herrschaft des identifizierenden Denkens zum Objekt entstellten Nichtidentischen; hieß: die Selbstherrlichkeit des Subjekts durch verwegenes Selbstvertrauen zu ersetzen und auf der Suche nach dem Anderen die Überschreitung der eigenen Grenzen auf Dauer zu stellen.

„Der versöhnte Zustand", so formulierte Adorno, Benjamins Definition der Aura variierend, „annektierte nicht mit philosophischem Imperialismus das Fremde, sondern hätte sein Glück daran, daß es in der gewährten Nähe das Ferne und Verschiedene bleibt, jenseits des Heterogenen wie des Eigenen." (*a.a.O.*, 192) Vorrang des Objekts hieß hier: um der Erfahrung des Anderen als des Anderen willen setzte sich das Subjekt aufs Spiel, was dann keine Tollkühnheit darstellte, wenn es, sich seiner als eines Naturmoments bewußt, auf seine Spontaneität vertrauen konnte. Daß gerade dem auf seine Spontaneität vertrauenden Subjekt Grenzen gesetzt waren, unterstrich Adorno, wenn er das „dinghaft Fremde" (193) als etwas Hinzunehmendes und Positives hinstellte. „Wem das Dinghafte als radikal Böses gilt; wer alles, was ist, zur reinen Aktualität dynamisieren möchte, tendiert zur Feindschaft gegen das Andere, Fremde, dessen Name nicht umsonst in Entfremdung anklingt ... Ungebrochen allmenschliche Parolen taugen dazu, erneut dem Subjekt gleichzumachen, was nicht seinesgleichen ist. Die Dinge verhärten sich als Bruchstücke dessen, was unterjocht ward; seine Errettung meint die Liebe zu den Dingen." (191) Das unterstrich aber auch noch einmal, daß der Erlösung der Natur aus ihrer Einsamkeit unaufhebbare Grenzen gesetzt waren – weitaus engere Grenzen als der Kommunikation zwischen Menschen.

Das vorgeschobenste Beispiel für eine Art „Kommunikation" mit den Dingen, das sich bei Adorno findet, ist das einer zarten Gestik im Umgang mit ihnen. Es ist ein Beispiel, das in für Adorno charakteristischer Weise als eine Utopie vorgeführt wird, die sich vor dem Hintergrund des Untergangs von altmodisch Gewordenem abzeichnet. „Die Technisierung", heißt es in einem *Nicht anklopfen* betitelten Aphorismus der *Minima Moralia*, „macht einstweilen die Gesten präzis und roh und damit die Menschen. Sie treibt aus den Gebärden alles Zögern aus, allen Bedacht, alle Gesittung. Sie unterstellt sie den unversöhnlichen, gleichsam geschichtslosen Anforderungen der Dinge. So wird etwa verlernt, leise, behutsam und doch fest eine Tür zu schließen. Die von Autos und Frigidaires muß man zuwerfen, andere haben die Tendenz, von selber einzuschnappen ... Was bedeutet es fürs Subjekt, daß es keine Fensterflügel mehr gibt, die sich öffnen ließen, sondern nur noch grob aufzuschiebende Scheiben, keine sachten Türklinken sondern drehbare Knöpfe, keinen Vorplatz, keine Schwelle gegen die Straße, keine Mauer um den Garten? ... Am Absterben der Erfahrung trägt Schuld nicht zum letzten, daß die Dinge unterm Gesetz ihrer reinen Zweckmäßigkeit eine Form annehmen, die den Umgang mit ihnen auf bloße Handhabung beschränkt, ohne einen Überschuß, sei's an Freiheit des Verhaltens, sei's an Selbständigkeit des Dinges zu dulden, der als Erfahrungskern überlebt, weil er nicht verzehrt wird vom Augenblick der Aktion."

4. Dialektik der Aufklärung

Wer im Lichte einer Versöhnung von Menschen und Dingen die Herrschaft des identifizierenden Denkens kritisierte, mußte sich einer Reihe von Fragen stellen: Wie beherrschend war das identifizierende Denken? Woraus bezog es seine Kraft? Wie war es zur Herrschaft gelangt? Welche Aussichten bestanden für den versöhnten Zustand?

Adornos Programm für eine Beantwortung solcher Fragen ist unter dem Titel „Zur Kritik der Geschichtsphilosophie" in den am Schluß der *Dialektik der Aufklärung* versammelten Aufzeichnungen und Entwürfen formuliert: „Eine philosophische Konstruktion der Weltgeschichte hätte zu zeigen, wie sich trotz aller Umwege und Widerstände die konsequente Naturherrschaft immer entschiedener durchsetzt und alles Innermenschliche integriert. Aus diesem Gesichtspunkt wären auch Formen der Wirtschaft, der Herrschaft, Kultur abzuleiten." Die Pointe dieses Programms lag in der Behauptung einer „Einheit von

Naturbeherrschung und Naturverfallenheit" („Fragmente über Wagner", in: *Zeitschrift für Sozialforschung*, 1939, 33), in der Behauptung, daß die Menschen sich vom blinden Naturzusammenhang emanzipierten, aber gerade in ihrer Macht über die Natur mit Blindheit geschlagen und der Natur nicht entronnen waren.

Eine Konkretisierung und Untermauerung seiner Sicht der Weltgeschichte als einer Geschichte naturverfallener Naturbeherrschung und damit den Versuch einer Klärung und Erklärung der von ihm behaupteten Herrschaft des identifizierenden Denkens unternahm Adorno nur einmal: in der gemeinsam mit Horkheimer verfaßten *Dialektik der Aufklärung*. Versucht man, aus den darin vereinigten „philosophischen Fragmenten" das Motiv naturverfallener Naturbeherrschung zusammenhängend zu rekonstruieren, so ergibt sich folgendes:

Die Vorwelt war „bloße Natur", und die Menschen der Vorwelt waren naturhaft, naturbefangen, unvermittelt reagierend auf unerhellte Triebe und undurchschaute äußere Eindrücke. Zu einem entscheidenden Einschnitt kam es erst, als Menschen zu denken begannen. Denken bedeutete: den unmittelbaren Zusammenhang der Natur an einer Stelle zu unterbrechen, einen zunächst unsicheren Damm zu errichten, der äußere von innerer Natur schied. Denkend lösten sich die sowieso schon von einer artspezifischen Instinkt- und Organspezialisierung relativ freien Menschen aus der Befangenheit in einer artspezifischen Umwelt.

In dem Augenblick, da die Menschen aus der Vorwelt heraustraten, erschien sie als ein Glück, dessen Anziehungskraft nicht weniger groß war als das neue Glück, dem dumpfen Zusammenhang der Natur entronnen zu sein. Die von der instinktgeleiteten Form des Überlebens weitgehend emanzipierten Menschen reagierten auf die überwältigenden freigesetzten Eindrücke und Anstöße der äußeren und inneren Natur nicht als autonome Subjekte, die zwischen einer reichen inneren und einer reichen äußeren Natur vermittelten, sondern als Instrumente der Herstellung einer reduzierten inneren wie einer reduzierten äußeren Natur.

Reduziert und degradiert wurden die Hingebungsbereitschaft der inneren und das Lockende der äußeren Natur und ebenso die Angstbereitschaft der inneren wie das Erschreckende der äußeren Natur. Die Reduktion von Lust und Angst sollte es erlauben, in immerwährender Geistesgegenwart der mit Gleichgültigkeit oder als Feind betrachteten Natur die Existenz abzutrotzen. „Furchtbares hat die Menschheit sich antun müssen, bis das Selbst, der identische, zweckgerichtete, männliche Charakter des Menschen geschaffen war, und etwas davon wird noch in jeder Kindheit wiederholt. Die Anstrengung, das Ich zusammenzuhalten, haftet dem Ich auf allen Stufen an, und stets war die Lockung, es zu verlieren, mit der blinden Entschlossenheit zu seiner Erhaltung gepaart. ... Die Angst, das Selbst zu verlieren, und mit dem Selbst die Grenze zwischen sich und anderem Leben aufzuheben, die Scheu vor Tod und Destruktion, ist einem Glücksversprechen verschwistert, von dem in jedem Augenblick die Zivilisation bedroht war." (*Dialektik der Aufklärung*, 47)

Der Prozeß der Entzauberung, Rationalisierung, Aufklärung, Zivilisation stand nicht unter dem Zeichen der Verwirklichung jenes Glücks, als das im Rückblick die Vorwelt erschien. Vielmehr verlief er so, als ob alles Glück verwerflich sei, weil es in den alten Naturzustand zurückführte. Natur überhaupt erschien als Bedrohung, nicht bloß die gefährlichen Seiten der Natur, die sich zudem oft nur zeigten, wenn man sie aufsuchte. So potenzierte das Denken nur die lustfeindlichen, nicht aber die lustgewährenden Seiten der Natur. Das Hervortreten aus der Vorwelt geriet zu einem auf Dauer gestellten Kampf gegen die Natur überhaupt.

Die Vorbeifahrt des Odysseus und seiner Gefährten an den Sirenen deutete Adorno als Symbol für den Weg der Zivilisation. Den Gefährten werden die Ohren mit Wachs verstopft und sie müssen nach Leibeskräften rudern. „Frisch und konzentriert müssen die Arbeitenden nach vorwärts blicken und liegenlassen was zur Seite liegt." (48) Odysseus selber, der die anderen für sich arbeiten läßt, hat sich an den Mast binden lassen, um ohne Gefahr, der Lockung nachzugeben, dem Gesang der Sirenen lauschen zu können. ,,Die Gefährten, die selbst nicht hören, wissen nur von der Gefahr des Lieds, nicht von seiner Schönheit, und lassen ihn am Mast, um ihn und sich zu retten. Sie reproduzieren das Leben des Unterdrückers in eins mit dem eigenen, und jener vermag nicht mehr aus seiner gesellschaftlichen Rolle herauszutreten." (ibid.) Die Lockung der Sirenen ist zum bloßen Gegenstand der Kontemplation, zum Konzert neutralisiert.

Reduktion der Fülle der Qualitäten der äußeren Natur auf deren bearbeitbare, beherrschbare Aspekte und Reduktion der nach ungeschmälerter und sofortiger Erfüllung drängenden Triebe auf deren der Selbstbehauptung dienende Anteile und Umwandlungen – das charakterisierte nach Auffassung der Autoren der *Dialektik der Aufklärung* die Urgeschichte der Subjektivität. Adorno und Horkheimer sahen in solchen Merkmalen nicht eine großartige Leistung und Höherentwicklung der menschlichen Gattung, sondern die Etablierung des Ausgangspunkts einer verfehlten Entwicklung. Im Werk Homers sahen sie – in Übereinstimmung mit der damals wie heute vorherrschenden Ansicht – den Grundtext der europäischen Zivilisation. Allerdings interpretierten sie ihn nicht als Zeugnis eines Ideals, das, soweit das Abendland zu seinem Erben geworden war, als Segen zu betrachten war, sondern als Zeugnis eben der Etablierung des Ausgangspunkts einer verfehlten Entwicklung.

Die zentrale Kategorie in der vor allem von Adorno stammenden Interpretation des homerischen Epos von Odysseus, dem ,,Urbild des bürgerlichen Individuums" (58), war die des Opfers. Was Adorno stillschweigend als Maßstab wahrer Zivilisation setzte, war: das Ende von Opfer und Entsagung. Die von Odysseus urbildlich verkörperte Entwicklungsrichtung der Zivilisation stand aber im Zeichen einer Fortsetzung des Prinzips des Opfers. ,,Die Abdingung des Opfers durch selbsterhaltende Rationalität ist Tausch nicht weniger, als das Opfer es war. Das identisch beharrende Selbst, das in der Überwindung des Opfers entspringt, ist unmittelbar doch wieder ein hartes, steinern festgehaltenes Opferritual, das der Mensch, indem er dem Naturzusammenhang sein Bewußtsein entgegensetzt, sich selber zelebriert." (70) Der Listige, als der Odysseus alle Abenteuer überstand, „überlebt nur um den Preis seines eigenen Traums, den er abdingt, indem er wie die Gewalten draußen sich selbst entzaubert. Er eben kann nie das Ganze haben, er muß immer warten können, Geduld haben, verzichten, er darf nicht vom Lotos essen und nicht von den Rindern des heiligen Hyperion, und wenn er durch die Meerenge steuert, muß er den Verlust der Gefährten einkalkulieren, welche Szylla aus dem Schiff reißt. Er windet sich durch, das ist sein Überleben, und aller Ruhm, den er selbst und die andern ihm dabei gewähren, bestätigt bloß, daß die Heroenwürde nur gewonnen wird, indem der Drang zum ganzen, allgemeinen, ungeteilten Glück sich demütigt." (73f.)

Die Geschichte der Zivilisation bestand in der Entwicklung von Gesellschaftsformationen, die die Individuen – in mehr oder weniger unterschiedlichem Maße – an den Resultaten wachsender Naturbeherrschung teilhaben ließen. Aber die Zugehörigkeit zu einer naturbeherrschenden Gesellschaft, die von den Autoren der *Dialektik der Aufklärung* als eine Art Selbsterhaltungsmaschine hingestellt wurde, verlangte von den Individuen Opfer, die möglicherweise größer waren als die, die eine gleichgültige Natur mit ihren unfreundlichen Seiten Individuen abverlangte, die weniger auf Selbsterhaltung hin organisiert waren. „Zivilisation hat an Stelle der organischen Anschmiegung ans andere, an Stelle des eigentlich mimetischen Verhaltens, zunächst, in der magischen Phase, die organisierte Handhabung der Mimesis und schließlich, in der historischen, die rationale Praxis, die Arbeit gesetzt. ... Von der Angleichung an Natur bleibt allein die Verhärtung gegen diese übrig. Die Schutz- und Schreckfarbe heute ist die blinde Naturbeherrschung, die mit der weitblickenden Zweckhaftigkeit identisch ist." (213) Das Individuum unterwarf sich einem strategischen Zusammenschluß zur Beherrschung der Natur, machte sich zum Bestandteil eines „Massenrackets in der Natur" (305).

Meinte also Adorno, die Menschen hätten, aus der Vorwelt heraustretend, sogleich das Reich der Freiheit betreten können? Meinte er, Subjektivität, das Glück der Individuation sei auch und sogleich möglich gewesen ohne Selbst- und Naturbeherrschung, ohne Aufschub und Sublimierung der Triebbefriedigung, ohne einen gesellschaftlichen Prozeß der Regulierung von Bedürfnissen, Handlungen und Befriedigungen, ohne Gestaltung der Welt zu einer für die Menschen günstigen Umwelt? Oder meinte er, Opfer, Entsagung und Naturbeherrschung hätten statt zu dominierenden Momenten der Selbsterhaltung auch zu sekundären Momenten eines Lebens werden können, in dem versucht wurde, solche Momente soweit wie möglich zu reduzieren?

Bei seiner kritischen Rekonstruktion der Urgeschichte der Subjektivität und des Gangs der Zivilisation leitete ihn offensichtlich die zuerst genannte Vorstellung. An manchen Stellen aber wertete er die mißlungene Zivilisation als eine Art Engpaß der Disziplin, als eine Geschichte der Introversion des Opfers, die letztlich der Abschaffung des Opfers dienen könnte. So schien Adorno zwischen einer radikal kritischen und einer zögernd sinngebenden Sicht der Geschichte der Zivilisation zu schwanken. Der Sinn dieser scheinbaren Unentschiedenheit war: die Weltgeschichte sollte nicht als unvermeidlich, als notwendig hingestellt, das Geschehene nicht gerechtfertigt werden. Alles hätte anders und besser laufen können; aber es war, wie es war, und es war schlecht, doch das Bessere war jederzeit möglich, auch in der Gegenwart. ,,Keine Universalgeschichte führt vom Wilden zur Humanität, sehr wohl eine von der Steinschleuder zur Megabombe." (*Negative Dialektik,* 314) Aber: auch in einer Weltgeschichte, die eine permanente Katastrophe war, hatte sich das Leben der Menschen fortgesetzt, und die ,,totale Drohung der organisierten Menschheit gegen die organisierten Menschen" *(ibid.)* konnte zur Selbstbesinnung führen.

Selbstbesinnung des Geistes auf sich als Naturmoment, Eingedenken der Natur im Subjekt, reflektiert aufgeklärtes Denken, ihrer selbst mächtige Aufklärung – das waren lauter Formulierungen, die den positiven Begriff von Aufklärung einkreisten, als dessen Vorbereitung die Autoren der *Dialektik der Aufklärung* ihre Rekonstruktion der Geschichte der abendländischen Zivilisation als einer Geschichte selbstzerstörerischer Aufklärung und naturbefangener Naturbeherrschung begriffen. Benjamin hatte einst programmatisch formuliert: daß es gelte, die Rückschritte der Gesellschaft zu sehen, die den Preis für die Fortschritte der Naturbeherrschung bildeten (Benjamin *Ges. Schr.* I, 699), daß das bisher Fortschritt Genannte eine einzige Katastrophe gewesen sei, die es zu unterbrechen gelte (a. a. O., 697f., 7o1), und daß Naturbeherrschung abzulösen sei durch eine Beherrschung des Verhältnisses von Natur und Menschheit, bei der diese ihren Kontakt mit dem Kosmos neu bildete, indem sie durch Technik und Arbeit die Natur nicht länger ausbeutete, sondern von den in ihrem Schoß schlummernden Schöpfungen entband (*Einbahnstraße*, letzter Aphorismus). Solche programmatischen Gedanken suchten Adorno und Horkheimer geschichtsphilosophisch und gesellschaftskritisch zu präzisieren und in einer nüchterneren Sprache darzulegen. Vor einer Verwechslung mit konservativen Zivilisationskritikern wie Ludwig Klages, Aldous Huxley, Karl Jaspers oder Ortega y Gasset fühlten sie sich dadurch geschützt, daß sie nicht irgendeiner vergangenen angeblich größeren Kultur nachtrauerten, sondern mittels der Kritik an der bisherigen Dialektik von Kultur und Barbarei in bestimmter Negation die Umrisse einer möglichen künftigen, in der Grundschicht ihrer Selbsterhaltung kultivierten Gesellschaft zu verdeutlichen suchten.

Aber angesichts der den Maßstab der Kritik abgebenden Konzeption eines sich seiner als Natur bewußten, sich besinnenden und vor der Natur bescheidenden Subjekts drängte sich eine Reihe von Fragen auf, die zum Teil schon durch die philosophische Konstruktion der Weltgeschichte als eine des Fortschritts naturbefangener Naturbeherrschung provoziert wurden. Mit einem einzigen Begriffspaar und einer einzigen Relation – nämlich dem Begriffspaar selbstherrliches Subjekt – Natur und der Relation Naturbeherrschung – glaubte Adorno alle wichtigen Beziehungen erfassen zu können, mochte es sich nun z. B. um die Beziehung eines Individuums zu einem anderen, die Beziehung der Gesellschaft zu ihren Mitgliedern, die der Herrschenden zu den Beherrschten oder die der Menschheit zur Natur handeln. Darin steckte auch ein durchaus kritisch gemeinter Reduktionismus, ein Stück Ideologiekritik. So z. B. in der Darstellung der Formation des Selbst als listiger Überlebenskampf des Einzelnen gegen den Rest der Welt. In dieser Darstellung erwies sich der listige Einzelgänger schon als homo oeconomicus, als Robinson, als Einzelunternehmer, dem andere Menschen „bloß in entfremdeter Gestalt, als Feinde oder als Stützpunkte, stets als Instrumente, Dinge" (*Dialektik der Aufklärung*, 79) begegneten. Aber als Resultat des Sichdurchwindens eines listigen Einzelgängers hatte Adorno ja auch die Formation des Selbst überhaupt dargestellt. Sprach er im Hinblick auf die weitere Geschichte der Zivilisation davon, daß ein Prozeß der Entsubjektivierung seit unvordenklichen Zeiten parallel lief mit der geschichtlichen Formation des Subjekts (*Negative Dialektik*, 130), dann wurde deutlich, daß Subjektivität in mehr bestehen mußte als der Selbsterhaltung gegenüber einer feindlichen Umwelt; daß zur Formation des Selbst mehr gehört haben mußte als einzelgängerische Selbst- und Naturbeherrschung, nämlich: daß Menschen einander als Wesen begegneten, die durch die Möglichkeit sprachlicher oder gestischer Verständigung in einer besonderen Beziehung zueinander standen; daß das Heraustreten aus der Vorwelt nicht bloß als das Initial einer Universalgeschichte begriffen werden konnte, die von der Steinschleuder zur Megabombe führte, sondern auch begriffen werden mußte als Initial einer wie immer diskontinuierlichen und entstellten Geschichte der Entwicklung der freundlichen Seiten der Natur, der menschlichen wie der außermenschlichen.

Sehr vage und uneinheitlich blieben Adornos Hinweise zum Problem des Verhältnisses zwischen Formen des Umgangs mit äußerer Natur, innerer Natur und Leib, zwischen Formen des Zusammenlebens von Menschen und Formen des Umgangs mit der außermenschlichen Natur. Zumeist erschien Herrschaft über äußere Natur als Erklärung für den naturwüchsigen, von Herrschaftsverhältnissen geprägten und lustfeindlichen Charakter der Gesellschaft, manchmal aber auch der naturwüchsige Charakter der Gesellschaft als Erklärung für ein herrschaftliches Verhältnis zur äußeren Natur. Selbstbeherrschung erschien in manchen Zusammenhängen als Voraussetzung des Überlebens überhaupt, in anderen als eine den Individuen durch den Zwang der naturbeherrschenden Gesellschaft angetane Entstellung. Fragen wie die, ob ohne den Verzicht auf Herrschaft über die außermenschliche Natur nicht-herrschaftliche Beziehungen zwischen Menschen unmöglich seien, oder: wo anzusetzen sei bei dem Versuch, endlich aus der Naturgeschichte herauszutreten, oder: ob alle Errungenschaften naturbeherrschender Zivilisation zu verwerfen seien bzw. nach welchem Prinzip zu unterscheiden sei zwischen beizubehaltenden und rückgängig zu machenden Errungenschaften – solche Fragen blieben völlig offen angesichts der allgemeinen Auskunft: die bisherige Geschichte war Naturgeschichte, Geschichte der Naturbeherrschung auf allen Ebenen und in allen Beziehungen (cf. die Kritik der *Dialektik der Aufklärung* bei Honneth, *Kritik der Macht*, bes. 59 ff.); wirkliche Geschichte begönne erst mit der Selbstbesinnung naturbeherrschenden Geistes.

Hinweise Adornos auf eine Alternative insbesondere zur Herrschaft über die außermenschliche Natur blieben höchst allgemein. Die Rationalisierung der Arbeit könnte, so meinte er, „anstatt primär auf ‚Produktivität', ebenso auf die menschenwürdige Gestaltung der Arbeit selbst, die Erfüllung und Differenzierung genuiner Bedürfnisse, die Bewahrung der Natur und ihrer qualitativen Mannigfaltigkeit inmitten ihrer Bearbeitung für menschliche Zwecke sich richten" *(Ges. Schr.* 8, 235). Die Technik war in seinen Augen „weder gut noch böse", „wahrscheinlich eher gut" und wurde bloß in der vom Tauschprinzip bestimmten Gesellschaft „in einer ganz einseitigen Weise praktiziert" (Adorno/Gehlen, *Ist die Soziologie eine Wissenschaft vom Menschen?*). Was ihm als Ideal vorschwebte, war eine „friedlich gewordene Technik" (*Ästhetische Theorie*, 76), eine „Umlenkung der technischen Produktivkräfte, welche diese nicht länger bloß an den gewollten Zwecken, sondern an der Natur mißt, die da technisch geformt wird", eine nach Abschaffung des Mangels „in anderer Dimension ... als einzig der quantitativen Steigerung der Produktion" verlaufende „Entfesselung der Produktivkräfte" (*aaO.*, 75 f.). Das ging nicht hinaus über Benjamins Zitierung von Fouriers Natur-Utopien (s. o. S. 53). Es besagte zudem, daß eine friedlich gewordene Technik ein Luxus sei, der erst auf dem Boden einer unfriedlichen Bewältigung des Reichs der Notwendigkeit in Frage komme. Der in der *Ästhetischen Theorie* auftauchende Hinweis auf Kulturlandschaften, auf ihrer Umgebung sich einfügende Burgen und Schlösser erleichterte zudem das Abtun der Vorstellungen von einem nicht-herrschaftlichen Verhältnis zur außermenschlichen Natur als relevant bloß für ein unpraktisches ästhetisches Verhalten ihr gegenüber.

Schließlich: wenn alle Natur verstümmelt war, wenn die Lust „im Arbeitsdruck der Jahrtausende sich hassen gelernt hatte" und „gemein und verstümmelt" geworden war (*Dialektik der Aufklärung*, 45), wenn vor dem Hervortreten aus der Vorwelt alle Natur erst recht „bloße Natur" war und es keine Natürlichkeit gab, auf die zurückgegriffen werden konnte – was war es dann für eine Natur, die das zum Bewußtsein seiner selbst als Naturmoment gelangende Subjekt seiner selbst mächtig machte und ihm spontan richtiges Handeln erlaubte? Woher auf einmal dieses Potential, wenn nichts bisher über bloße, dumpfe Natur hinausgeführt haben sollte?

Angesichts solcher Fragen zeigte sich: die Weltgeschichte als eine Geschichte immer entschiedenerer Naturherrschaft zu konstruieren und alles auf das Muster von Naturbeherrschung zu reduzieren war eine Übertreibung, die ihre Wahrheit als Korrektiv hatte. Zum erstenmal wurde von links und von einer Position grundsätzlicher Bejahung der Aufklärung und der Kritik der Klassengesellschaft aus das bis in den Marxismus und Sozialismus hinein wirksame Prinzip einer mit allen systemkonformen Mitteln zu fördernden Güterproduktion in Frage gestellt und in den Begriff der Emanzipation ein neues Moment aufgenommen: die Emanzipation der Natur, wie vage und vieldeutig dieser Begriff auch noch sein mochte.

5. Minima Moralia

Wenn die bisherige Geschichte eine Geschichte mißlungener Zivilisation war, wenn das Ganze das Unwahre war und der Einzelne nur durch Einfügung in das Ganze überleben konnte – war dann ein sinnvolles Leben möglich, waren dann überhaupt Überlegungen zum richtigen Leben denkbar und angebracht? „Es gibt", so ein vielzitierter Satz aus Adornos *Minima Moralia,* „kein richtiges Leben im falschen." Immer wieder betonte er selber, die gesellschaftlichen Verhältnisse seien so sehr auf die Verhinderung selbständigen Denkens und selbstverantwortlichen Handelns angelegt, daß der Aufruf zu autonomem Denken und richtigem Leben hohl klinge. Unter diesen Umständen war es fraglich, ob der Begriff des richtigen Lebens, der zur Tradition der Philosophie gehörte und ohne den sie ihre entscheidende Relevanz verlor, noch in der traditionellen Gestalt denkbar war. Aber was ließ sich dann überhaupt noch Nennenswertes darüber sagen, wie zu leben war?

Adornos Auskunft war bescheiden. Zunächst: Richtig war es – auch wenn das noch kein richtiges Leben ergab –, bewußt zu leben, im Bewußtsein der Unmöglichkeit eines richtigen Lebens im falschen, also: unnaiv, unversöhnt. „Nichts hilft als die standhaltende Diagnose seiner selbst und der anderen, der Versuch, durch Bewußtsein wenn schon nicht dem Unheil zu entweichen, so ihm doch seine verhängnisvolle Gewalt, die der Blindheit, zu entziehen." (*Minima Moralia,* 13. Aphorismus)

Sah man die Lebensbedingungen dadurch bestimmt, daß machtlose Individuen einer übermächtigen Gesellschaft ausgeliefert waren und es nichts gab zwischen den Einzelnen und den Massenorganisationen, was ein effektives solidarisches Handeln miteinander verbündeter selbständig denkender Individuen ermöglichte – dann schien für die Praxis nur der Ratschlag übrigzubleiben, nicht mitzumachen. „Es gibt nichts Harmloses mehr. ... Mißtrauen ist geraten gegenüber allem Unbefangenen, Legeren, gegenüber allem sich Gehenlassen, das Nachgiebigkeit gegen die Übermacht des Existierenden einschließt. ...

Das Zufallsgespräch mit dem Mann in der Eisenbahn, dem man, damit es nicht zu einem Streit kommt, auf ein paar Sätze zustimmt, von denen man weiß, daß sie schließlich auf den Mord hinauslaufen müssen, ist schon ein Stück Verrat ... Alles Mitmachen, alle Menschlichkeit von Umgang und Teilhabe ist bloße Maske fürs stillschweigende Akzeptieren des Unmenschlichen." (5. Aphorismus) Aber es folgte sogleich die Antithese, die Einsicht in die Verstelltheit dieses scheinbaren Auswegs. „Für den, der nicht mitmacht, besteht die Gefahr, daß er sich für besser hält als die andern und seine Kritik der Gesellschaft mißbraucht als Ideologie für sein privates Interesse. ... Der Distanzierte bleibt so verstrickt wie der Betriebsame ... Die eigene Distanz vom Betrieb ist ein Luxus, den einzig der Betrieb abwirft. Darum trägt gerade jede Regung des sich Entziehens Züge des Negierten. Die Kälte, die sie entwickeln muß, ist von der bürgerlichen nicht zu unterscheiden. ... Die private Existenz, die sich sehnt, der menschenwürdigen ähnlich zu sehen, verrät diese zugleich, indem die Ähnlichkeit der allgemeinen Verwirklichung entzogen wird. ... Es gibt aus der Verstricktheit keinen Ausweg." (6. Aphorismus)

Philosophie konnte unter Bedingungen, unter denen ein richtiges Leben nicht möglich war, eben keine Anweisungen zum richtigen Leben geben. Wie aber eine dialektisch-materialistische Erkenntnistheorie darum kreise, über den Begriff durch den Begriff hinauszugelangen, so kreiste eine dialektisch-existentialistische Moralphilosophie darum, auch unter Bedingungen der Unmöglichkeit richtigen Lebens potentiell richtigem Handeln beizustehen. Das sah so aus, daß Adorno die Wahrheit der von der traditionellen Moralphilosophie verkündeten Werte rückkoppelte an Impulse, die der Solidarität mit den „quälbaren Körpern" (Brecht) entsprangen und nicht weiter rationalisierbar waren. Solchen spontanen Regungen zu folgen war in seinen Augen allerdings nur in Ausnahmesituationen gerechtfertigt – z. B wenn man nach der Niederschlagung der nationalsozialistischen Herrschaft die führenden Folterer samt ihren Auftraggebern und „hochmögenden Gönnern" sogleich erschossen hätte (*Negative Dialektik*, 282).

Die Kraft dazu, den Dingen ins Auge zu sehen und in bestimmten Situationen moralisch zu handeln, sah Adorno aus dem Nichtidentischen, der Natur im Menschen kommen. Sie äußerte sich am unverstelltesten in der Kindheit. Die den „Impulsen der Kindheit" (*Vorlesung zur Einleitung in die Erkenntnistheorie*, 143) die Treue hielten, ohne infantil zu werden, verstanden es, dank einer Vernunft, die sich ihrer als Abspaltung des Triebs, als Naturmoment bewußt war, spontan und rational zugleich zu denken und zu handeln. Auch in solchen moralphilosophischen Zusammenhängen blieb die Frage offen, wieso Impulse, das Richtige zu tun, möglich waren in einer Weltgeschichte, die stets nur Naturgeschichte gewesen war. Auch in solchen moralphilosophischen Zusammenhängen zeichnete sich die Unterstellung ab, daß es neben dem unwahren Ganzen, dem gleichmachenden Allgemeinen und der Universalgeschichte naturverfallener Naturbeherrschung einen kollektiven Unterstrom und eine unterirdische Geschichte des Sinns für Leiden und Glück und eine für die Vielfalt des Verschiedenen offene Allgemeinheit gab.

Das Glück war bescheiden und brüchig. Aber es gab Glück: als Glücksversprechen. Es gab das wenigstens für die, deren Kindheit nicht eine einzige Katastrophe gewesen war. Es gab die Erfahrung, „daß in der Jugend unendlich Vieles als Versprechen des Lebens, als antizipiertes Glück wahrgenommen wird, wovon dann der Alternde, durch die Erinnerung hindurch, erkennt, daß in Wahrheit die Augenblicke solchen Versprechens das Leben selber gewesen sind" (*Mahler*, 196). Nicht richtig gelebt, aber gelebt hat, wem das Glücksversprechen die Kraft zum Leben im Widerspruch verliehen hat.

III. Kritische Gesellschaftstheorie: Die verwaltete Welt autoritärer Subjekte

Die von Adorno und Horkheimer festgestellten Phänomene einer Dialektik der Aufklärung, eines Zivilisationsprozesses, der statt zur Kultivierung äußerer und innerer Natur und des Zusammenlebens der Menschen zu machtfixierter und insofern naturverfallener Naturbeherrschung führte, legten ein bestimmtes Bild der Gesellschaft nahe. Danach war sie ein strategischer Zusammenschluß zur Beherrschung der Natur, ein „Massenracket in der Natur" (s. S. 51), das sowohl „ein Mehr an Subjekt" wie „Freiheit zum Objekt" verwehrte (vgl. S. 40). Dem Individuum drohte die „Liquidation". Die Gesellschaft wurde von ihm als ein „kollektiver Zwangsmechanismus" (*Ges. Schr.* 8, 12) erlebt, als ein „Zwangsverband, in den man nun einmal hineingeraten ist" (*Vorlesung zur Einleitung in die Soziologie*, 23).

Mit dieser Zwangstheorie der Gesellschaft steht Adorno in prononciertem Gegensatz zu der seinerzeit beispielsweise von George Herbert Mead und heute beispielsweise von Jürgen Habermas vertretenen Kommunikationstheorie der Gesellschaft. Dieser zufolge reicht die Konzeption naturverfallener Naturbeherrschung zum Verständnis des Zivilisationsprozesses und auch einer Dialektik der Aufklärung nicht aus. Sie hält vielmehr Prozesse der sozialen Interaktion und ihrer Deformation für grundlegend (vgl. Honneth, *Kritik der Macht*).

Über die Richtigkeit solcher Theorien läßt sich schwerlich Endgültiges sagen. In ihnen schlagen sich zu einem wesentlichen Teil Zeiterfahrungen nieder, die außer der Gegenwart auch Vergangenheit und Zukunft in einem bestimmten Licht erscheinen lassen. Im Falle Adornos war es die Erfahrung der sich über einen Großteil Europas ausbreitenden Herrschaft des Faschismus. Was dieser im Extrem über die Ohnmacht des Individuums und die Vorurteilsgeladenheit, Manipulierbarkeit und Gefährlichkeit des ohnmächtigen Individuums lehrte, machte Adorno zum Schlüssel für die Analyse nachliberalistischer Gesellschaften überhaupt und zum Beleg einer geschichtsphilosophischen Konzeption naturverfallener Naturbeherrschung.

Friedrich Pollock, Chefökonom und Mitleiter des Instituts für Sozialforschung, entwickelte in den Jahren der Emigration in Zusammenarbeit mit Horkheimer eine Theorie des Staatskapitalismus. Sie brach in entscheidenden Punkten mit der üblichen marxistischen Interpretation der „monopolkapitalistischen" Phase. Pollock diagnostizierte eine Außerkraftsetzung des Marktes und damit der zu Krisen führenden Disproportionalitäten in der Produktion zugunsten einer „Befehlswirtschaft". Er sah den Primat der Ökonomie durch einen Primat der Politik abgelöst. Diesem Herrschaftssystem traute er eine lange Lebensdauer zu. Die Theorie des Staatskapitalismus animierte Horkheimer und Adorno in den vierziger Jahren zu einer Rackettheorie der Gesellschaft, später zu einer Theorie der verwalteten Welt. Die erste Variante nahm sich wie eine anspruchsvolle und pessimistische Version der Gangster-Theorie des Faschismus aus. In der Literatur wurde sie zum Beispiel durch Brechts Stück *Der aufhaltsame Aufstieg des Arturo Ui* repräsentiert. Die zweite Variante rückte die Formen der Entmündigung und politischen Manipulation in autoritären Wohlfahrtsstaaten wie in Staaten eines bürokratischen Sozialismus in den Mittelpunkt. Die Zwangstheorie der Gesellschaft erhielt dadurch eine Variabilität, die sie bei aller Einseitigkeit und Zuspitzung zu einem bis heute nicht veralteten Instrument der Analyse macht. Das gilt um so mehr, als die zugehörige, ebenfalls in den Jahren der Emigration von dem psychoanalytischen Mitarbeiter des Instituts für Sozialforschung, Erich Fromm, entwickelte Theorie des autoritären Charakters – der unterwerfungsbereit gegenüber dem Stärkeren und diskriminierungsbereit gegenüber dem Schwächeren ist – nach wie vor wichtige Aspekte der Entwicklung und des „Funktionierens" der Individuen erklärt.

Daß Adorno sich nicht mit allgemeinen zeitdiagnostischen und geschichtsphilosophischen Erwägungen begnügte, sondern sich auch an Projekten empirischer Sozialforschung beteiligte und in Vorträgen und Aufsätzen zur Methodologie und zu den Aufgaben der Soziologie äußerte, lag vor allem an äußeren Umständen: dem Zwang, in der US-amerikanischen Emigration an geldbringenden Forschungsprojekten und in den fünfziger Jahren an der Neuetablierung des Instituts für Sozialforschung in der Bundesrepublik mitwirken zu müssen. Dreimal arbeitete er intensiv an empirischen Projekten mit: Ende der dreißiger Jahre an dem von Paul Lazarsfeld geleiteten Princeton Radio Research Project (von Adorno erschienen dazu *On Popular Music* und andere Aufsätze), in den vierziger Jahren am Berkeley Project on the Nature and Extent of Antisemitism (*The Authoritarian Personality*), in den frühen fünfziger Jahren an der Untersuchung des neugegründeten Instituts für Sozialforschung über das politische Bewußtsein der Westdeutschen (*Gruppenexperiment*). In allen drei Fällen ging es Adorno darum, durch die Aufwertung theoretischer Erwägungen und qualitativer Analysen und Einzelstudien den Vorrang quantitativer Erhebungs- und Auswertungsmethoden zu brechen. In der Praxis wie in methodologischen und wissenschaftstheoretischen Reflexionen zur Soziologie suchte er der Position einer „kritischen" Soziologie Profil zu verleihen, die dem von Liquidation bedrohten Individuum gegen den „kollektiven Zwangsmechanismus" der Gesellschaft beistand.

1. Zwangstheorie der Gesellschaft

Als die größten Organisationen der Arbeiterbewegung in Deutschland mehr oder weniger große Zugeständnisse an das nationalsozialistische Regime machten, als die kommunistischen Organisationen sich als machtpolitische Interessenvertreter des stalinistischen Rußland erwiesen, als dank des New Deal in den USA die Gewerkschaften sich als pressure groups ohne jeglichen Gedanken an Klassensolidarität und -emanzipation etablierten – da schienen die Zeiten endgültig vorbei, in denen Hoffnung auf die Solidarität zwischen zur Besinnung gekommenen privilegierten Individuen und um wahre Kultur kämpfenden Organisationen der Ausgebeuteten, Unterdrückten und Erniedrigten bestand. Es schien nur noch Organisationen zu geben, denen sich der einzelne unter Verzicht auf eigene und eigenwillige Vorstellungen anschließen konnte, um an der Macht zu partizipieren bzw. von ihr zu profitieren, und außerdem bloß ohnmächtige Individuen. Damit schienen wieder Verhältnisse zu herrschen, wie sie, von räumlichen und zeitlichen Oasen abgesehen, für die ganze Weltgeschichte kennzeichnend gewesen waren: daß blinde und kostspielige Formen herrschaftlich organisierter Selbsterhaltung für Individuen und deren solidarisches Handeln keinen Raum ließen.

Adorno und Horkheimer nahmen die Modernität des Nationalsozialismus wahr, unter dessen Herrschaft spätkapitalistische Tendenzen wie die Immunisierung der monopolisierten Industrie gegen demokratische Einflüsse und die „große demagogische Mühe der Volksbearbeitung" (Arthur Rosenberg) durch Freizeit- und Kulturindustrie, durch Propaganda und Reklame besonders deutlich hervortraten. Daß, wer bereit war, sich anzupassen und mitzumachen, unter der Herrschaft der Nationalsozialisten vor den letzten Kriegsjahren nicht zu hungern und zu frieren brauchte, wurde vor ihrem Blick zum Wegweiser für die fällige Korrektur der Verelendungstheorie und zum Beleg dafür, daß die Gesetze der Ökonomie das Prinzip der Macht nie außer Kraft gesetzt oder auch nur geschwächt hatten, sondern bloß unter spezifischen Bedingungen – die unmittelbaren Produzenten waren in der Epoche der „ursprünglichen Akkumulation" (Marx) von ihren Produktionsmitteln getrennt worden, stellten aber noch keinen politischen Faktor dar, dessen Loyalität mit vielfältigen Mitteln gesichert werden mußte – zu einem besonders effektiven Mittel verdeckter, strukturell gewordener Machtausübung geworden waren. Im nachliberalistischen Zeitalter wurde der Schein gewaltloser unmittelbarer Aneignung des Mehrprodukts durch die Kapitalisten zerstört. Die Konzentration und Zentralisation des Kapitals machte die Ideologie des freien Marktes und der freien Konkurrenz unhaltbar. Die Verfügung über das Mehrprodukt wurde zur Angelegenheit der offenen Kollaboration wirtschaftlicher, politischer und militärischer Großorganisationen, die sich das Image gaben, am kompetentesten für die Reproduktion der Gesellschaft und die Erzeugung und Verwendung des Mehrprodukts sorgen zu können.

„Es gibt", so die zentralen Überlegungen Adornos zum Verhältnis von kapitalistischer Produktionsweise und Macht, zum „Doppelcharakter" der herrschenden Klasse als sowohl vermittelte wie unmittelbare Repression ausübende, „soweit Verelendung, wie die bürgerliche Klasse wirklich anonyme und bewußtlose Klasse ist, wie sie und das Proletariat vom System beherrscht werden. ... Aber die herrschende Klasse wird nicht nur vom System beherrscht, sie herrscht durchs System und beherrscht es schließlich selber. Die modifizierenden Umstände stehen extraterritorial zum System der politischen Ökonomie, aber zentral in der Geschichte der Herrschaft. Im Prozeß der Liquidation der Ökonomie sind sie keine Modifikation, sondern selber das Wesen. Soweit betreffen sie die Verelendung: sie darf nicht in Erscheinung treten, um nicht das System zu sprengen." Dessen Strategen gelangten zum Bewußtsein der Bedingungen seiner Perpetuierung und verhielten sich entsprechend. „Im Anfang mochte der Druck der Massen, die potentielle Revolution die Umkehr bewirken. Später, mit der Verstärkung der Macht der monopolistischen Zentralstellen, wird man die Lage der arbeitenden Klassen mehr stets mit der Aussicht auf Vorteile jenseits der eigenen geschlossen definierten Wirtschaftssysteme ... verbessert haben. Die endgültige Etablierung der Macht ist in alle Posten des Kalküls eingerechnet. Der Schauplatz des kryptogamen, gleichsam zensurierten Elends aber ist die politische und soziale Ohnmacht. Sie macht alle Menschen derart zu bloßen Verwaltungsobjekten der Monopole und ihrer Staaten, wie es zur Zeit des Liberalismus nur jene paupers waren, die man in der Hochzivilisation hat aussterben lassen." („Reflexionen zur Klassentheorie", *Ges. Schr.* 8, 385 f.)

Sprachen Adorno und Horkheimer in den vierziger Jahren

von einer Racketphase der Gesellschaft, so wollten sie damit eine bestimmte Seite der Gesellschaften des nachliberalistischen Zeitalters hervorheben: die Angelegenheiten der Gesellschaft wurden mehr und mehr organisiert und planvoll betrieben, aber nicht von Individuen, die ihre Fähigkeit zu dem gesellschaftlich möglichen Grad von selbständigem und erfolgreichem Handeln und ihren wie immer beschränkten Sinn für Gerechtigkeit und menschliche Würde unter Beweis gestellt hatten, sondern von Machtgruppen in den Konzernen, Verwaltungen, den Parteien und der Armee, für die nicht einmal der Schein von Stolz und Würde, Verträgen und Versprechen zählte, sondern allein die Totalisierung der Verfügungsgewalt.

„Racket" hieß das charakteristische Stichwort der Adornoschen Gesellschaftstheorie zur Zeit der Herrschaft des Faschismus, „verwaltete Welt" in der nachfaschistischen Zeit. Die von Rackets beherrschte Welt und die verwaltete Welt waren in Adornos Augen im Entscheidenden nicht voneinander unterschieden: in der Totalisierung der Verfügungsgewalt durch die Zerstörung der letzten Reste auch nur des Anscheins von autonomer Individualität. „Erweist sich", hatte Fromm in seinem sozialpsychologischen Theorieentwurf in den *Studien über Autorität und Familie* geschrieben, „ein anderer als so mächtig und gefährlich, daß der Kampf gegen ihn aussichtslos und Unterwerfung noch der beste Schutz ist, oder als so liebevoll und beschützend, daß die eigene Aktivität unnötig erscheint, mit anderen Worten, entsteht eine Situation, in der die Ausübung der Funktionen des Ichs unmöglich oder überflüssig wird, dann verschwindet gleichsam das Ich so lange, wie die Funktionen, an deren Ausübung seine Entstehung gebunden ist, von ihm nicht mehr ausgeübt werden können oder müssen." (107) Beide Aspekte, den der Übermacht und den der Fürsorge, sah Adorno beim selektiv sorgenden autoritären Staat wie beim autoritären Wohlfahrtsstaat kombiniert zum Eindruck eines übermächtigen Systems der Selbsterhaltung, das nur die Wahl zwischen eilfertiger, quasi automatischer Anpassung und Untergang ließ. Daß diese Wahl im faschistischen System in weitaus geringerem Maße bestand als in zumindest rudimentär demokratischen Gesellschaftssystemen, ließ Adorno unberücksichtigt. Ihn interessierte, so ließ sich das teilweise erklären, allein der seiner Ansicht nach beiderlei Systemen gemeinsame Charakter der Übermächtigkeit der Organisationen und Institutionen und der Ohnmacht und Überflüssigkeit der Individuen.

Wieso aber vermochten Rackets bzw. die rücksichtslosen Führer der Konzerne und anderer Großorganisationen das kapitalistische System zu beherrschen, während jene Vertreter der herrschenden Klasse, die es in Adornos Augen zu einem starken Ich, zur auf die Möglichkeit realer Autonomie verweisenden Individualität gebracht hatten, auf der Strecke blieben? Und wenn in der von Rackets beherrschten bzw. der verwalteten Welt der Primat des Machtprinzips vor den Gesetzen der Ökonomie deutlich zutage getreten war, was bedeutete es dann, wenn Adorno für die jüngste Entwicklung der nachliberalistischen Gesellschaften eine Expansion des Tauschverhältnisses über das gesamte Leben, die Allherrschaft des Tauschprinzips (z. B *Ges. Schr.* 8, 125, 104) diagnostizierte? Wurde denn nicht in dem Maße, in dem Machtverhältnisse nackter hervortraten, das Tauschprinzip in seinem Geltungs- und Wirkungsbereich eingeschränkt?

Offensichtlich ging Adorno davon aus: je größer die Unternehmen, Institutionen, Organisationen waren, die der Herrschaft über Natur und über Menschen dienten, desto größer war der Zwang zur Risikominderung und Planung in einer nach wie vor irrationalen Gesellschaftsformation und desto mehr kamen jene Charaktere zum Zug, die nicht von der Vorstellung wirtschaftlicher Selbständigkeit als Basis selbstbewußter Teilhabe am gesellschaftlichen und politischen Leben geleitet waren, sondern von der Vorstellung des Aufgehens in einer Institution, der in leitender Position anzugehören die Teilnahme an einer Verfügungsmacht erlaubte, deren Wirkungen in ganz anderem Maße als die Wirkungen der Handlungen eines Einzelunternehmers weitgehend unabsehbar waren und die zugleich für Eigeninitiative und Selbstverantwortung kaum oder keinen Raum ließen. Je ungehemmter die Bereitschaft zur Anpassung an Strukturen der Herrschaft, desto größer die Chance für eine gesellschaftliche Plazierung, die es erlaubte, die geronnenen Formen von Herrschaft zur Ausübung von Herrschaft zu nutzen. In leitender Funktion einer Großorganisation zu dienen, verkörperte für Adorno exemplarisch den Vorgang einer Selbsterhaltung, der das Selbst verlorengegangen war – das Selbst der Verwaltenden wie das Selbst der Verwalteten. „In der Beschränkung des Denkens auf Organisation und Verwaltung, von den Oberen seit dem schlauen Odysseus bis zu den naiven Generaldirektoren eingeübt, ist die Beschränktheit mitgesetzt, welche die Großen befällt, sobald es nicht bloß um die Manipulation der Kleinen geht." (*Dialektik der Aufklärung*, 50)

Adorno sprach ebenso emphatisch von der Tauschgesellschaft wie von der verwalteten Welt, von der Allherrschaft des Tauschprinzips wie von der Allherrschaft von Organisation und Verwaltung. Kam darin eine Unentschiedenheit in der Einschätzung der nachfaschistischen westlichen Gesellschaften zum Ausdruck? Wurde damit die Diagnose einer Zunahme direkter Verfügungsmacht auf Kosten wirtschaftlich vermittelter rückgängig gemacht? Was Adorno mit den auf den ersten Blick miteinander unverträglichen Formeln umkreiste, war die Erfahrung einer zunehmenden Ausweitung des Tauschprinzips, die überlagert war von einer noch rascheren Ausweitung des Verwaltungsprinzips. Verwaltung und Verwertung ergänzten und verstärkten einander. Das Denken in Äquivalenten förderte die Herabsetzung qualitativer Differenzen, minderte damit den Widerstand gegen Verwaltung. Die Verwaltung entfremdete das zur Ware Entfremdete in vielen Fällen noch einmal, unterwarf in anderen Fällen Dinge, Menschen, Vorgänge, die für Verwertungsinteressen uninteressant waren, einem Zugriff, der den gleichen Effekt hatte wie das Zur-Ware-Machen.

Von Adorno stammt die Wendung: „Sesam öffne dich, ich möchte hinaus." Charakteristischer Ausdruck seines Unbehagens in der verwalteten Welt ist eine Passage wie die folgende: „Es gibt keine Schlupfwinkel mehr, auch in Europa nicht; keine Armut in Würde, nicht einmal mehr die Möglichkeit des bescheidenen Überwinterns für den, der aus der verwalteten Welt herausfällt. Man braucht sich nur eine Existenz wie die von Paul

Verlaine ins Gedächtnis zu rufen, am Ende des neunzehnten Jahrhunderts: die des deklassierten Alkoholikers, der noch, als er out and down war, freundliche und verständnisvolle Ärzte in Pariser Spitälern fand, die ihn mitten im Äußersten vorm Äußersten bewahrten. Ähnliches wäre heute wohl undenkbar. Nicht, daß es an solchen Ärzten, daß es überhaupt an freundlichen Menschen fehlte; in gewissem Sinn ist in der verwalteten Welt die Humanität vielfach angestiegen, als Sorge aller um alle. Allein solche Ärzte hätten vermutlich schon gar nicht mehr ihren Administrationen gegenüber die Befugnis, den vagabundierenden Genius zu beherbergen, zu ehren, Demütigungen ihm zu ersparen. Statt dessen würde er zum Objekt der Sozialfürsorge, betreut, sorgfältig gepflegt und ernährt, gewiß, aber seiner Lebensform entrissen und damit vermutlich auch der Möglichkeit auszudrücken, wozu er sich nun einmal in der Welt fühlte, wie fragwürdig es auch um die Produktion des endgültig deklassierten, ausgestoßenen Verlaine schon bestellt war." („Kultur und Verwaltung", *Ges. Schr.* 8, 134 f.)

Dieses Beispiel veranschaulicht Adornos Verfahrensweise: er macht das Frühere, das als Verschwindendes oder Verschwundenes in versöhnender Farbe erscheint, die „wie immer auch ideologische ältere Gestalt" (*Ges. Schr.* 8, 102) zum Maß des neuen Schlechten. Dieses Verfahren brachte allerdings die Gefahr mit sich, am schlechten Neuen zu übersehen, was vielleicht Späteren wiederum als das gute Alte erschien und was nicht genügend genutzt worden war. Nur wer Fragen wie z. B. denen nachging, ob, was nachträglich als Schlupfwinkel erschien, einst als solcher wahrgenommen und genutzt wurde; ob, was später erfaßt wurde, zuvor als Unerfaßtes existierte – nur der hatte angesichts des schlechten Neuen einen Blick auch für anderes als bloß die Integrationsfähigkeit des Systems, für das Enger- und-enger-werden des Netzes einer atomisierenden Vergesellschaftung. Die Risiken, die in der Vagheit eines Verfahrens lagen, das das wie immer auch ideologische Ältere zum Maß des Neuen machte, zeigten sich deutlich in der absurden Parallelisierung der Bedeutung, die die Wandlung vom liberalen Kapitalismus zum Kapitalismus der verwalteten Welt für bürgerliche Unternehmer und Arbeiter haben sollte. Von den Proletariern des 19. Jahrhunderts behaupteten Adorno und Horkheimer, sie hätten sich von der Bevormundung auf früheren Wirtschaftsstufen emanzipiert und für sich allein gesorgt: durch Verdingung über den Arbeitsmarkt. Durch Abschaffung der unabhängigen ökonomischen Subjekte, „teils durch Einziehung der selbständigen Unternehmer, teils durch Transformation der Arbeiter in Gewerkschaftsobjekte", sei dann unaufhaltsam der moralischen Entscheidung der wirtschaftliche Boden entzogen worden mit der Folge, daß auch die Reflexion verkümmerte (*Dialektik der Aufklärung*, 238, 233).

Die Pointe der von einer Zwangstheorie der Gesellschaft bestimmten Gegenwartsanalysen Adornos war: die nachliberalistischen Varianten des weltgeschichtlichen Prozesses der Entsubjektivierung der Subjekte und der Entqualifizierung der Welt auf den Begriff zu bringen. Gemessen an dem auch von Adorno selbst immer wieder unterstrichenen Desiderat einer dialektischen Theorie der Gesellschaft waren es wenig differenzierte und wenig komplexe Ansätze. In einer Richtung allerdings kam es zu einer eindrucksvollen Konkretisierung und Ausarbeitung. Sie betraf das „Individuum" der nachliberalistischen Gesellschaft und wesentliche der Mechanismen, die es produzierten bzw. reproduzierten.

2. Das soziale Vorurteil und seine Hauptursachen

Der industrialisierte und bürokratische Massenmord der Nationalsozialisten und die duldsamen Reaktionen darauf in den anderen Ländern waren in Adornos und Horkheimers Augen nur möglich aufgrund tiefsitzender gesellschaftlicher Vorurteile in Deutschland wie anderswo. Diese gesellschaftlichen Vorurteile wiederum waren für sie letztlich das Resultat des Bruchs zweier Versprechen: des Versprechens, das die Zivilisation enthielt, und des Versprechens, das in Aufklärung und Liberalismus lag.

„Das Glücksgefühl bei Befriedigung einer wilden, vom Ich ungebändigten Triebregung ist unvergleichlich intensiver, als das bei Sättigung eines gezähmten Triebes", hatte es in Freuds 1930 erschienener Untersuchung über *Das Unbehagen in der Kultur* geheißen. Da ihm Kultur ohne Bändigung der Triebe unmöglich schien, die Lockung des Glücks freier Triebbefriedigung und die sich auch gegen Mitmenschen richtenden Aggressionsneigungen aber nie aufhören würden, hielt er das Unbehagen in der Kultur für unabwendbar. Veränderbar waren in seinen Augen nur Maß und Verteilung des Unbehagens bzw. der Versagungen. Adorno stimmte mit Freuds Erklärung des Unbehagens in der Kultur überein – mit der Abwandlung allerdings, daß die Aggressionsneigungen dem Unbehagen an einer unnötig Versagungen auferlegenden Kultur erst entsprangen. Anders als Freud hielt er die bisherige Zivilisation für grundsätzlich mißlungen, eine Zivilisation ohne Versagungen und deswegen ohne Unbehagen und ohne Aggression für möglich.

Aufgrund dieser Überzeugung, von der die Geschichtsphilosophie naturverfallener Naturbeherrschung geleitet war, sah Adorno in der sich im 20. Jahrhundert zum industrialisierten Massenmord steigernden gesellschaftlichen Diskriminierung keinen Bruch mit der abendländischen Zivilisation, sondern die Konsequenz einer mißlungenen Zivilisation, die Manifestation einer zur Geschichte der naturbeherrschenden Zivilisation gehörenden Rebellion der um die Erhebung aus dem rohen Zustand betrogenen Natur. „It is truly ‚Unbehagen in der Kultur'", hieß es in einem für die *Authoritarian Personality* gedachten, dann aber doch unpubliziert gebliebenen Text Adornos. „Rebellion against civilization is due to the fact that the latter incessantly imposes all kinds of material and psychological sacrifices. They are supposed to be ‚rational' because they are expected to guarantee the self-maintenance of the whole and the security of the individual, but they fail to do this. The fury against civilization, concentrated in a pure form, as it were, in anti-semitism, stems from the feeling of being cheated." (*Remarks on „The Authoritarian Personality"*, 20f.)

a) Mißlungene Zivilisation

Fromms vor allem im sozialpsychologischen Theorieentwurf der *Studien über Autorität und Familie* entwickelte Konzeption des sadomasochistischen bzw. autoritären Charakters wurde in den „Elementen des Antisemitismus" in der *Dialektik der Aufklärung* vereinigt mit der Geschichtsphilosophie naturverfallener Naturbeherrschung. Aufgrund dieser Kombination, einer zivilisationsgeschichtlich gestreckten und vertieften Sozialpsychologie, gelangten Adorno und Horkheimer zu den eindringlichsten Gedanken ihrer Theorie des Antisemitismus bzw. gesellschaftlicher Diskriminierung überhaupt. Unter der Last kostspieliger und unnötige Versagungen auferlegender Herrschaftsstrukturen – so nahmen sich die Prozesse gesellschaftlicher Diskriminierung vor Adornos und Horkheimers Augen aus – schlug von mißlungener Zivilisation entstellte Natur auf von mißlungener Zivilisation entstellte Natur ein. „Als blind Zuschlagende und blind Abwehrende gehören Verfolger und Opfer noch dem gleichen Kreis des Unheils an. ... Erst die Blindheit des Antisemitismus, seine Intentionslosigkeit, verleiht der Erklärung, er sei ein Ventil, ihr Maß an Wahrheit. Die Wut entlädt sich auf den, der auffällt ohne Schutz. Und wie die Opfer untereinander auswechselbar sind, je nach der Konstellation: Vagabunden, Juden, Protestanten, Katholiken, kann jedes von ihnen an Stelle der Mörder treten, in derselben blinden Lust des Totschlags, sobald es als die Norm sich mächtig fühlt." (*Dialektik der Aufklärung*, 202)

Kombination von Anbetung des Stärkeren und Verachtung des Schwächeren kennzeichnete den autoritären Charakter. Auf die selbständige Verfolgung eigener Wünsche und Ziele für immer verzichtend und sich Wunschverzicht, Ohnmacht und Angst dadurch leichter machend, daß er auf die Teilhabe an der Macht und den Genüssen Durchsetzungsfähigerer setzte, verachtete und haßte er alle, die es nicht genauso machen wollten oder konnten, die an die aufgegebenen Wünsche, die hingenommene Ohnmacht, die verdrängte Angst erinnerten bzw. Assoziationen daran weckten.

Der Haß richtete sich – so Adorno und Horkheimer in „naturgeschichtlicher" Erweiterung von Fromms freudomarxistischer Rekonstruktion des autoritären Charakters und seiner Dynamik – gegen das, was auffiel als nicht ganz erfaßt und sich offen entsetzend. „Die Zeichen der Ohnmacht, die hastigen unkoordinierten Bewegungen, Angst der Kreatur, Gewimmel, fordern die Mordgier heraus. Die Erklärung des Hasses gegen das Weib als die schwächere an geistiger und körperlicher Macht, die an ihrer Stirn das Siegel der Herrschaft trägt, ist zugleich die des Judenhasses. Weibern und Juden sieht man es an, daß sie seit Tausenden von Jahren nicht geherrscht haben. Sie leben, obgleich man sie beseitigen könnte, und ihre Angst und Schwäche, ihre größere Affinität zur Natur durch perennierenden Druck, ist ihr Lebenselement. Das reizt den Starken, der die Stärke mit der angespannten Distanzierung zur Natur bezahlt und ewig sich die Angst verbieten muß, zu blinder Wut." (*a.a.O.* 135) Und der Haß richtete sich gegen alles, was inmitten der prinzipiellen Versagung an Glück ohne Macht, Lohn ohne Arbeit, Heimat ohne Grenzstein, Religion ohne Mythos (*a.a.O.*, 234) erinnerte. „Was zum Anlaß solcher Wiederholung (der Unterdrückung der eigenen Sehnsucht, R. W.) wird, wie unglücklich selbst es auch sein mag, Ahasver und Mignon, Fremdes, das ans verheißene Land, Schönheit, die ans Geschlecht erinnert, das als widerwärtig verfemte Tier, das an Promiskuität gemahnt, zieht die Zerstörungslust der Zivilisierten auf sich, die den schmerzlichen Prozeß der Zivilisation nie ganz vollziehen konnten. Denen, die Natur krampfhaft beherrschen, spiegelt die gequälte aufreizend den Schein von ohnmächtigem Glück wider. Der Gedanke an Glück ohne Macht ist unerträglich, weil es überhaupt Glück wäre. Das Hirngespinst von der Verschwörung lüsterner jüdischer Bankiers, die den Bolschewismus finanzierten, steht als Zeichen eingeborener Ohnmacht, das gute Leben als Zeichen von Glück." (203 f.)

An die psychoanalytische Einsicht in die vielfältigen Formen verschobener Triebbefriedigung und besonders an die Erkenntnis der Reaktionsbildung anknüpfend, suchten Adorno und Horkheimer noch die im Pogrom liegende Befriedigung mit

Hilfe ihrer Theorie der mißlungenen Zivilisation zu erklären. „Alle die Vorwände, in denen Führer und Gefolgschaft sich verstehen, taugen dazu, daß man ohne offenkundige Verletzung des Realitätsprinzips, gleichsam in Ehren, der mimetischen Verlockung nachgeben kann. Sie können den Juden nicht leiden und imitieren ihn immerzu. ... Man darf dem verpönten Trieb frönen, wenn außer Zweifel steht, daß es seiner Ausrottung gilt. ... Als verachtete, sich selbst verachtende, wird die mimetische Funktion hämisch genossen. Wer Gerüche wittert, um sie zu tilgen, ,schlechte' Gerüche, darf das Schnuppern nach Herzenslust nachahmen, das am Geruch seine unrationalisierte Freude hat. Indem der Zivilisierte die versagte Regung durch seine unbedingte Identifikation mit der versagenden Instanz desinfiziert, wird sie durchgelassen. Wenn sie die Schwelle passiert, stellt Lachen sich ein. Das ist das Schema der antisemitischen Reaktionsweise." (216 f.) Sie ist „Mimesis der Mimesis" (218).

b) Ohnmacht des Einzelnen

Zum gewissermaßen alten „Ressentiment der beherrschten Subjekte der Naturbeherrschung" (244) kam das neuere Ressentiment der um die Versprechen der Aufklärung und des Liberalismus Betrogenen. Nicht Besitz und Bildung, sondern ökonomische und kulturelle Unselbständigkeit waren den meisten Migliedern der industrialisierten bürgerlichen Gesellschaften zuteil geworden. Das Problem, das sich daraus ergab, bestand nicht nur in der Verarbeitung einer enttäuschten Hoffnung, sondern auch im Fertigwerden mit einem weiterwirkenden Anspruch, dem gerecht zu werden immer weniger Chancen bestanden. Es ergab sich der charakteristische moderne Konflikt zwischen der Erwartung, das Schicksal selber meistern zu können, und der ständigen Erfahrung des Mißerfolgs beim Versuch dazu, ja der Unmöglichkeit auch nur des Versuchs dazu. Marx hatte den bürgerlichen Ideen von Freiheit, Gleichheit und Menschlichkeit „wie im Spiegel die gesellschaftlichen Bedingungen der Möglichkeit ihrer ganz unbürgerlichen Realisierung" (Habermas) vorgehalten. Das Ausbleiben dieser unbürgerlichen, nämlich sozialistischen Realisierung hatte auch die ansatzweise Verwirklichung jener Ideen bei einem Teil des Bürgertums wieder rückgängig gemacht. Ein Rest der Ideologie wurde Bestandteil des Selbstverständnisses westlicher Gesellschaften. Die Realitäten der Ära des organisierten Kapitalismus aber hatten mit der Marktwirtschaft auch die ökonomische Basis für die Existenz einer gesellschaftlich relevanten Zahl einigermaßen selbständiger und auch noch kultivierter Wirtschaftssubjekte in ihrer Bedeutung so sehr herabgesetzt, daß der Typ des liberalen Bürgers nicht mehr entstehen konnte. Blieben schon bei einem guten Exemplar liberalen Bürgertums das Selbstgefühl der eigenen Unabhängigkeit, die Zielsicherheit des Entschlusses und der Sinn für Gerechtigkeit stets beschränkt und naiv, weil sie einhergingen mit der Unterdrückung von Frau und Kindern, der Ausbeutung „freier" Lohnabhängiger und der eigenen Unterwerfung unter einen irrationalen Zustand der Gesellschaft, den man ausnutzen mußte, statt ihn in seiner Totalität zu gestalten, so ließ die Degradierung des Marktes im organisierten Kapitalismus nicht einmal mehr den Schein von Unabhängigkeit aufkommen.

War es mit der relativen Selbständigkeit der Marktteilnehmer vorbei, konnte auch die bürgerliche Familie – trotz aller Eigengesetzlichkeit vermittelnder Instanzen – nicht mehr lange in der bisherigen Form und mit den bisherigen Funktionen weiterexistieren. Zu ihren besten Zeiten war sie – so sah es Adorno in Übereinstimmung mit Fromm und Horkheimer – eine von der väterlichen Autorität geprägte und von der Ideologie freien und kultivierten Menschentums überhöhte Institution gewesen, die für die Reproduktion sich autonom fühlender, zur Unterwerfung unter die Marktmechanismen bereiter Bürger sorgte, aber auch eine Sphäre schützender Privatheit verkörperte, deren Ideologie, wenn sie von den Nachfolgern ernst genommen wurde, zum Widerstand gegen die herrschenden Zustände und Borniertheiten führen konnte. Mit der liberalbürgerlichen Familie zerging „nicht nur die wirksamste Agentur des Bürgertums, sondern der Widerstand, der das Individuum zwar unterdrückte, aber auch stärkte, wenn nicht gar hervorbrachte. Das Ende der Familie lähmt die Gegenkräfte. Die heraufziehende kollektivistische Ordnung ist der Hohn auf die ohne Klasse: im Bürger liquidiert sie zugleich die Utopie, die einmal von der Liebe der Mutter zehrte." (*Minima Moralia*, 2. Aphorismus) Ohne Marktökonomie und patriarchalische Kleinfamilie kamen nach Adornos Überzeugung nicht nur keine relativ selbständigen Unternehmer, sondern überhaupt keine einigermaßen autonomen Menschen mehr zustande. Von den Proletariern hatte er nie etwas erwartet, trugen sie doch „alle Spuren der Verstümmelung des bürgerlichen Charakters" (Adorno-Benjamin, 18. 3. 36), hatte doch „die Entmenschlichung durch den kapitalistischen Produktionsprozeß ... den Arbeitenden alle Voraussetzungen zur Bildung, vorab Muße", stets verweigert („Theorie der Halbbildung", in: *Ges.Schr.* 8, 99). Was er vom Proletariat meinte, meinte er erst recht von der bäuerlichen Bevölkerung. Autonomie hatte sich bei ihr gar nicht erst formieren können. „Das Bewußtsein geht unmittelbar von einer zur anderen Heteronomie über; anstelle der Autorität der Bibel tritt die des Sportplatzes, des Fernsehens und der ‚Wahren Geschichten', die auf den Anspruch des Buchstäblichen, der Tatsächlichkeit diesseits der produktiven Einbildungskraft sich stützt." *(ibid.)* Aufgrund solcher Urteile hielt Adorno nach anderen als liberalkapitalistischen Bedingungen für die Entstehung von Gegenkräften gar nicht erst Ausschau, ließ er die Frage nach der Rolle unbürgerlicher Kulturen bzw. Subkulturen für die Bildung von Gegenkräften unberücksichtigt.

Zerfall des Marktes, Zerfall der bürgerlichen Familie, Zerfall des Ichs – hießen die Stichworte für Adornos Sicht der Genealogie der entsubjektivierten Subjekte des herrschaftlich organisierten Kapitalismus. Wie er in der heraufziehenden kollektivistischen Ordnung den Hohn auf die klassenlose Gesellschaft sah, so im Zerfall des Ich in der nachliberalistischen Gesellschaft den Hohn auf das seiner Souveränität entkleidete Subjekt, auf den sich seiner als Naturmoment bewußten Geist. Das „ich-schwache" Subjekt der nachliberalistischen Gesellschaft war ja nicht ein Indiz für das Ende naturverfallener Naturbeherrschung, sondern für deren Fortschreiten. Die Selbstherrlichkeit des naturbeherrschenden Geistes wurde nicht in Frage gestellt durch die Formation eines „Ich, das stark genug wäre, den Trieb nicht zu verleugnen" („Arnold Schönberg", in: *Prismen*, 148), sondern erhielt Zustimmung durch ein schwaches Ich, das von den Konzernen und Verwaltungen seine entstellte Natur in Regie nehmen ließ und den beherrschten Komplizen der Naturbeherrschung abgab.

In seiner Theorie des Ichs schwankte Adorno zwischen der Vorstellung, daß das Ich abgeschafft war und von den Herrschenden dirigierte menschliche Atome leidenschaftslos die erwünschten Funktionen vollzogen bis hin zum teilnahmslosen Massenmord – und der Vorstellung, daß das Ich in geschwächter Form weiterexistierte, bei dem Versuch, sich zu bewahren und der Ohnmacht zu entkommen, sich aber gerade mit der Macht identifizierte und den Gedanken an Autonomie aufgab.

Die eine Variante vertrat Adorno in Form der Theoreme von der Liquidation des Individuums und seiner Ablösung durch den reflektorischen Charakter. Sie waren zum erstenmal in dem 1938 in der „Zeitschrift für Sozialforschung" erschienenen Aufsatz „Über den Fetischcharakter in der Musik und die Regression des Hörens" formuliert und gehörten seitdem zu Adornos Motiv-Repertoire. „Die vorbürgerliche Welt kennt Psychologie noch nicht, die total vergesellschaftete nicht mehr. ... Zeitgemäß sind jene Typen, die weder ein Ich haben noch eigentlich unbewußt handeln, sondern reflexartig den objektiven Zug widerspiegeln." („Zum Verhältnis von Soziologie und Psychologie", in: *Ges.Schr.* 8, 83) In zugespitzter Form hatte Adorno mit dem Theorem vom reflektorischen Charakter die von David Riesman und seinen Mitarbeitern in dem 1950 erschienenen Buch *The Lonely Crowd* entwickelte These von der Ablösung des innengeleiteten Charaktertyps durch den außengeleiteten vorweggenommen.

Auf der anderen Seite ging Adorno von der Weiterexistenz eines geschwächten Ichs aus. Für dieses schwache Ich diagnostizierte er – in enger Anlehnung an Freuds Studie über *Massenpsychologie und Ich-Analyse* – einen „kollektiven Narzißmus" bzw. – sich Anna Freuds Herausarbeitung einer bestimmten Abwehrformation des Ichs zu eigen machend – eine „Identifizierung mit dem Angreifer". Was er mit solchen formelhaft bleibenden Wendungen auf den Begriff zu bringen suchte, war eben das, was Fromm in den *Studien über Autorität und Familie* und dann wieder in dem Buch *Die Furcht vor der Freiheit* unter dem Titel des sadomasochistischen bzw. autoritären Charakters dargelegt hatte.

Adorno selbst machte zwischen den beiden Vorstellungen – der eines von Ichlosigkeit und der eines von Ichschwäche gekennzeichneten Zustandes – keinen ausdrücklichen Unterschied. Er ließ beide geradezu ineinander übergehen in einer Formulierung wie der, daß „die Selbsterhaltung ... den Individuen nur noch (glückt), soweit ihnen die Bildung ihres Selbst mißglückt, durch selbstverordnete Regression" (*a. a. O.*, 69f.). Was ließ sich aber dann noch über das Zustandekommen und die Funktionsweise gesellschaftlicher Vorurteile sagen außer: daß tendenziell auf die Erfahrungswelt von Lurchen regredierte Völker (cf. *Dialektik der Aufklärung*, 50) widerstandslos taten, was die Herrschenden und in der Gesellschaft kursierende Stereotype ihnen vorschrieben?

Eine weitaus differenziertere Diagnose der Verfassung des Individuums in der nachliberalistischen Gesellschaft und eine weitaus differenziertere Darlegung des gesellschaftlichen Vorurteils als Adornos Essays enthielt das 1000seitige Kollektivwerk *The Authoritarian Personality*, Produkt der Zusammenarbeit von Adorno und drei psychoanalytisch orientierten – und, im Unterschied zu Adorno, psychoanalysierten – Psychologen: Else Frenkel-Brunswik, R. Nevitt Sanford und Daniel J. Levinson. Dieses Kollektivwerk war das Resultat des größten Teilprojekts jenes Antisemitismus-Projekts, das, vom Institute of Social Research initiiert und vom American Jewish Committee finanziert, im mittleren Drittel der vierziger Jahre von Mitarbeitern des Instituts und anderen Wissenschaftlern realisiert wurde und seinen publizistischen Niederschlag in den von Horkheimer und Flowerman herausgegebenen fünf Bänden der *Studies in Prejudice* fand.

Vergleichbar Gunnar Myrdals *An American Dilemma*, dem bis heute nach Größenordnung und Bedeutung unübertroffenen Werk über die „Negerfrage" in den USA, sind auch die *Studies in Prejudice* bis heute nach Größenordnung und Bedeutung unübertroffen, was die Untersuchung des antisemitischen Vorurteils und des sozialen Vorurteils überhaupt betrifft. Wie an Myrdals Werk ist auch an den *Studies in Prejudice* vieles nur noch von historischer Bedeutung. Der Band über die autoritäre Persönlichkeit aber ist ein Klassiker der Soziologie auch in dem Sinne, daß er nach wie vor ein Anregungspotential für soziologische Forschungen darstellt.

Beim Antisemitismus-Projekt ging es um die Feststellung des antisemitischen Potentials, den Nachweis der antidemokratischen Wurzeln des Antisemitismus und die Erarbeitung von Strategien zur Bekämpfung des Antisemitismus. Das Berkeley-Projekt über Wesen und Ausmaß des Antisemitismus, dessen Resultat die *Authoritarian Personality* war, hatte das Ziel: herauszufinden, welche Charakterstruktur dem Antisemitismus zugrunde lag bzw. anfällig machte für Antisemitismus, und ein Instrument zur Feststellung dieser Charakterstruktur und damit des antisemitischen Potentials zu entwickeln. Den auf frühere Arbeiten der Levinson-Gruppe zurückgehenden und mit der Fromm-Tradition des Instituts weitgehend übereinstimmenden Ausgangspunkt bildeten die Annahmen, daß zur Persönlichkeitsstruktur ebenso bewußte Überzeugungen und Verhaltensweisen wie tiefer liegende, oft unbewußte Strebungen gehörten und einzelne Vorstellungen, z. B. Antisemitismus, Teil eines nur innerhalb bestimmter Grenzen variablen Denkmusters waren; daß ein Zusammenhang bestand zwischen bestimmten Persönlichkeitsstrukturen und bestimmten Konstellationen von Meinungen, Attitüden, Wertvorstellungen; und daß die Charakterstruktur von entscheidender Bedeutung war, wenn es darum ging, zu erklären, warum die einen Individuen für bestimmte politische, wirtschaftliche, soziale usw. Vorstellungen empfänglich waren, andere – auch wenn sie unter vergleichbaren objektiven Bedingungen lebten – nicht.

Die kombinierte Anwendung von Fragebögen, mehrstündigen Interviews und projektiven Tests zeigte, daß Antisemitismus und Ethnozentrismus überhaupt Teil eines Denkmusters waren und daß die Erklärung des Auftretens eines solchen Denkmusters durch eine bestimmte Charakterstruktur plausibel war. Die Feststellung und Einkreisung des autoritären Charakters und die Gewinnung eines in großem Maßstab anwendbaren zuverlässigen Instruments zu seiner Feststellung und Messung gingen Hand in Hand. Zu Ruhm gelangte vor allem die F(aschismus)-Skala, die im Unterschied zu den zunächst entwickelten Fragebögen, der E(thnozentrismus)-Skala und der P(olitico)-E(conomic) C(onservatism)-Skala, lediglich indirekte, rein „psychologische" items enthielt, in denen von Juden und ethnischen Minoritäten und politisch-ökonomischen Anschauungen keine Rede war. Die Pointe der F-Skala war, daß auf verdeckte, eventuelle Widerstände umgehende Weise gemessen werden konnte, wie faschistisch oder nicht-faschistisch, antidemokratisch oder nicht-antidemokratisch, autoritär oder nicht-autoritär, vorurteilsvoll oder vorurteilsfrei eine Person war. Die F-Skala umging, so könnte man es auch ausdrücken, die ideologische Oberfläche und zielte direkt auf verborgene, vielfach unbewußte Elemente der Charakterstruktur. In Kombination mit den anderen Skalen gab sie unabhängig von klinischen Interviews und projektiven Tests Aufschluß darüber, wie stark ethnozentrische Einstellungen in der Charakterstruktur verwurzelt waren und welcher Stellenwert politisch-ökonomischen Auffassungen zuzuschreiben war. Das auf den Skalen (Fragebögen mit Sätzen, die im Stil von im Alltag und in den Massenmedien kursierenden Stereotypen und Stammtischweisheiten formuliert waren und die mit unterschiedlicher Stärke bejaht oder abgelehnt werden konnten) am höchsten rangierende Viertel der Befragten, kontrastiert mit dem auf den Skalen am niedrigsten rangierenden Viertel, bildete die Grundlage für die Herausarbeitung dessen, was Adorno und die anderen Autoren als „faschistischen" bzw. „potentiell faschistischen Charakter" bezeichneten. („The Fascist Character" war ursprünglich als Buchtitel vorgesehen. Erst nach Fertigstellung des Manuskripts fiel die Entscheidung für den endgültigen, weniger zeitbedingt wirkenden und nicht auf ein bestimmtes politisches System bezogenen Titel.)

Inspiriert durch eine psychoanalytisch orientierte Sozialpsychologie und gestützt auf Korrelationsanalysen bei der Ausarbeitung der Skalen und auf Interviews und projektive Tests vor allem mit den Personen, die bei der Beantwortung der Fragebögen zum obersten oder untersten Viertel, zu den sogenannten Vorurteilsvollen oder Vorurteilsfreien gehörten, arbeiteten die Autoren für ihr überwiegend der Mittelschicht zuzurechnendes Sample als Merkmale des autoritären Charakters heraus: Konventionalismus, Autoritätshörigkeit gegenüber idealisierten Autoritäten der eigenen Gruppe und autoritäre Aggressivität gegen wirklich oder vermeintlich gegen die anerkannten Autoritäten und Konventionen Verstoßende; Anti-Intrazeption – d. h. Abwehr von Selbstbesinnung, Sensibilität und Phantasie –, Neigung zu Aberglauben und einem Denken in Stereotypen sowie Fixiertheit auf ein Denken in den Kategorien von Herrschaft und Unterwerfung, stark und schwach; Menschenverachtung und Zynismus, Projektivität – d. h. wahnhafte Wahrnehmung gefährlicher und verschwörerischer Vorgänge – und Fixiertheit auf Sexuelles. Diese Züge ließen sich auf die psychoanalytische Formel bringen: der autoritäre Charakter war gekennzeichnet durch ein veräußerlichtes Überich, ein schwaches Ich und ein ich-fremdes Es. Weil es dem schwachen Ich nicht gelang, ein konsistentes und dauerhaftes System moralischer Werte, ein Gewissen zu entwickeln, und weil es ihm deswegen nicht möglich war, die Ansprüche des Es so zu regulieren, daß sie als Teil des Selbst anerkannt und angemessen befriedigt oder in Kritik- und Konfliktfähigkeit umgesetzt werden konnten, suchte er Anlehnung an eine organisierende Macht außerhalb seiner selbst, durch die er sein Verhalten steuern und seine Projektion der von ihm abgewehrten Es-Ansprüche auf andere Menschen als normal legitimieren lassen konnte, so daß er als funktionierendes, einer machtvollen Ordnung angehörendes Subjekt dastand.

In der *Authoritarian Personality* konnte man die Präzisierung und differenziertere Darstellung von Adornos und Horkheimers Konzeption des ich-schwachen Individuums der nachliberalistischen Gesellschaft sehen. Es war sogar Adorno selber, der in einem Kapitel über *Typen und Syndrome* eine am Grad der Genormtheit des Verhaltens, Fühlens und Denkens orientierte Typologie von unterschiedlichen Ausprägungen des vorurteilsvollen und des vorurteilsfreien Charakters entwarf, also auf die Existenz ich-starker Individuen in der nachliberalistischen Gesellschaft einging und, veranlaßt durch empirische Befunde, Differenzierungen im Konzept des ich-schwachen Individuums vornahm. Seine Typologie und seine vorangehende qualitative Analyse der ideologischen Aspekte des Interviewmaterials zeigten: Bei einigen der Vorurteilsfreien sah er z. B. ein „spontanes Gefühl der Solidarität für die Unterdrückten" (*Studien zum autoritären Charakter*, 164) am Werk. Und er und die anderen Autoren der *Authoritarian Personality* meinten sogar: Zwar sei anzunehmen, daß in der bestehenden Gesellschaft vorurteilsvolle Personen in größerem Maße als tolerante in den Genuß äußerlicher Belohnungen und Entschädigungen kämen. Aber bei den mehr oder weniger vorurteilsfreien Personen gebe es vermutlich in einem stärkeren Grade eine Befriedigung emotional wichtiger Bedürfnisse, mochte das auch mit Konflikten mit der Gesellschaft verbunden sein. Die Toleranten seien wohl die im Grunde Glücklicheren. „Thus, we need not suppose that appeal to emotion belongs to those who strive in the direction of fascism, while democratic propaganda must limit itself to reason and restraint. If fear and destructiveness are the major emotional sources of fascism, eros belongs mainly to democracy." (*The Authoritarian Personality*, 976)

Aber die Vorurteilsfreien hatten keinen Rückhalt im „kulturellen Klima". Denn existierten auch in der westlichen Kultur noch zwei Wertsysteme – auf der einen Seite die Ideale der Großherzigkeit, Selbstlosigkeit, Gerechtigkeit und Liebe, auf der anderen die Ideale des Erfolgs, der Leistung und des sozialen Ansehens –, so waren doch dem einen Wertsystem bloß Lippendienste zu zollen, während man im wirklichen Leben dem anderen gehorchte. Deshalb konnte Adorno vom Vorurteilsvollen sagen: „Im Grunde weiß er sehr wohl, daß er, während er anscheinend aus strikt persönlichen Gründen gegen Schlagworte wie Demokratie oder Gleichheit rebelliert, tatsächlich von starken gesellschaftlichen Strömungen getragen wird." (*Studien zum autoritären Charakter*, 137) Der Antisemit war nur der Exponent der Doppelbödigkeit einer Gesellschaft, deren offizielle rationale Normen im Klima der von ihr gebilligten Vorurteile und Stereotypen dem Mißbrauch als Rationalisierungen feilgeboten wurden. Der zum kulturellen Klima gehörende Antisemitismus bot denen, die, da sie während ihrer Sozialisation nicht die Gelegenheit zur Entwicklung eines starken Ichs hatten, mit ihren Konflikten nicht rational umzugehen vermochten, ,,eine Art anerkannter Freizone psychotischer Verzerrungen" (*a. a. O.*, 122). Sie blieben normal, weil sie lediglich die gängigen, kulturell approbierten Klischees des Vorurteils gegenüber den offiziell vorherrschenden Maßstäben der Demokratie deutlicher in den Vordergrund rückten, ohne aber auf die letzteren als Rationalisierungen ganz zu verzichten. Was dieser Vorgang aus der Sicht der Diskriminierten bedeutete, hatte Sartre in seinen 1946 erschienenen *Reflexions sur la question juive*, die die Resultate des Berkeley-Projekts auf verblüffende Weise vorwegnahmen, so formuliert: ,,Im gleichen Augenblick, da der Jude den Gipfel der legalen Gesellschaft erklommen hat, enthüllt sich ihm blitzartig eine andere, amorphe, diffuse und allgegenwärtige Gesellschaft, die ihn zurückstößt." (Sartre, ,,Betrachtungen zur Judenfrage", in: *Drei Essays*, Frankfurt a. M./Berlin 1965, 149).

Die Vorurteilsfreien hatten aber nicht nur das kulturelle Klima gegen sich, sie waren in der Regel auch von ihm bis in die Charakterstruktur hinein geprägt. Die ,,Vorurteilsfreien" – das waren eben doch nur die, die auf den Skalen zum untersten Viertel gehörten, nicht aber schon die, die wirklich ich-stark waren. Den einzigen wirklich standhaltenden Typ unter den N, den auf den Skalen niedrig Rangierenden, bezeichnete Adorno als ,,genuinen Liberalen". Ihn sah er charakterisiert durch ein ideales Gleichgewicht zwischen Überich, Ich und Es. ,,Die Befragten dieses Typs besitzen einen starken Sinn für Autonomie und Unabhängigkeit. Einmischungen von außen in ihre persönlichen Überzeugungen vertragen sie nicht, und sie selbst wollen sich auch nicht in die der anderen mischen. Ihr Ich ist gut entwickelt, aber nicht libidinös besetzt – sie sind selten ‚narzistisch'. Nichtsdestoweniger zögern sie nicht, Es-Tendenzen zuzugeben und daraus die Konsequenzen zu ziehen – wie es bei Freuds ‚erotischem Typ' der Fall ist. Ein hervorstechendes Merkmal ist Zivilcourage, die oft alle rationalen Bedenken hinter sich läßt. Sie können nicht ‚schweigen', wenn Unrecht geschieht, auch wenn sie das ernsthaft in Gefahr bringt. So wie sie selbst ausgeprägte Individualisten sind, sehen sie auch die anderen als Individuen und nicht als Vertreter einer Gattung. Der ‚genuine Liberale' teilt einige Merkmale mit anderen N-Syndromen. Wie der ‚Impulsive' ist er kaum gehemmt, ja, er hat sogar Schwierigkeiten, sich unter ‚Kontrolle' zu halten. Doch ist seine Gefühlsbetontheit nicht blind, sondern auf den anderen als *Subjekt* gerichtet. Seine Liebe ist auch Mitgefühl, nicht nur Verlangen, so daß man ihn fast den ‚mitfühlenden' N nennen könnte. Wie der ‚Protestierende' identifiziert er sich energisch mit den Benachteiligten, doch ohne Zeichen von Zwang und Überkompensierung; er ist kein Philosemit. Wie der ‚Ungezwungene' ist er antitotalitär, doch viel bewußter und ohne dessen Zögern und Unentschlossenheit. Es ist eher diese Konstellation als ein einzelner Zug, die den ‚genuinen Liberalen' kennzeichnet. Ästhetische Interessen scheinen häufig zu sein." (353f.) Als Beispiel führte er, wie für alle Typen des vorurteilsfreien Charakters bis auf eine Ausnahme, ein Mädchen bzw. eine Frau an.

Das entscheidende Indiz für die Schwäche der meisten Vorurteilsfreien aber sah Adorno bereits in dem, was zunächst als ein Problem der Wissenschaftler erschien: die Tatsache nämlich, daß die PEC-Skala entgegen den Erwartungen der das Berkeley-Projekt durchführenden linken Forscher keine enge Korrelation mit den anderen Skalen aufwies. Auf der PEC-Skala waren die Unterschiede zwischen dem am höchsten und dem am niedrigsten rangierenden Viertel der Befragten weniger groß als auf den anderen Skalen. Zwar waren z. B. die H meistens gegen, die N für Roosevelt, lehnten die H den Kommunismus entrüstet ab, während die N zu sachlicher Diskussion neigten, aber es gab eine große Zahl „formalerer" Bestandteile der politischen Ideologie, die nach Adornos Ansicht reaktionäre und potentiell faschistische Überzeugungen förderten, die sich sowohl bei den H wie bei den N fanden. Dazu gehörten eine allgemeine Unkenntnis und Konfusion in politischen Fragen, die Gewohnheit, in „tickets", also in feststehenden Rastern, zu denken und zu „personalisieren", Ressentiments gegen die Gewerkschaften, gegen staatliche Eingriffe in die Wirtschaft und gegen Einkommensbeschränkungen. „Wenn ein Merkmal", schloß Adorno, „das statistisch zwischen Personen mit hohen und solchen mit niedrigen Punktwerten auf der E-Skala unterscheidet – und zwar so, daß die ‚Hohen' höher rangieren –, allgemein in den Interviews aller Versuchspersonen anzutreffen ist, müssen wir schließen, daß es sich um ein Merkmal unserer Kultur selbst handelt. ... Daß es sich um potentiell faschistische Züge handelt, wird durch die Tatsache belegt, daß sie statistisch, psychologisch und in jeder anderen Hinsicht mit hohen Skalenwerten zusammengehen; treten sie dann noch ziemlich häufig in den Interviews von N auf, müssen wir folgern, daß wir in potentiell faschistischen Zeiten leben." (178)

Adornos Typologien und seine Überlegungen zu Politik und Wirtschaft im Interviewmaterial führten zum gleichen Ergebnis: bis weit in die Reihen der Personen mit niedrigen Punktwerten, der „vorurteilsfrei" Genannten hinein zeigte sich eine Standardisiertheit des Denkens und der Charakterstrukturen, die Adorno auf den Einfluß der ihrerseits unter dem Druck der sozialen Kontrolle und der wirtschaftlichen und technologischen Konzentration in einem bisher unbekannten Ausmaß standardisierten Kultur zurückführte. Insgesamt stellte also die *Authoritarian Personality* – der ein im Klima des Kalten Krieges nach rechts gerückter Gesellschaftswissenschaftler wie der einst als Mitarbeiter des Antisemitismus-Projekts eingeplante Edward A. Shils mehr zu Unrecht als zu Recht Blindheit für den Linksautoritarismus vorwarf – den Versuch einer Verifizierung von Adornos und Horkheimers Theorie des ich-schwachen, in innergesellschaftliche Herrschaftsstrukturen einspannbaren und eingespannten Individuums des nachliberalistischen Zeitalters dar.

c) Neutralisierung der Kultur

Neben der mißlungenen Zivilisation und dem Mißlingen der Herstellung wirtschaftlicher Verhältnisse, die Selbständigkeit und Individualität förderten, gehörte für Adorno die Neutralisierung der Kultur zu den Hauptursachen für die vorurteilsbestimmten innergesellschaftlichen Verhältnisse, für die Armseligkeit, die Gleichgeschaltetheit und den Immanenzcharakter der nachliberalistischen Gesellschaft. Wäre es zu einer Fortsetzung der in der *Dialektik der Aufklärung* versammelten „Philosophischen Fragmente" gekommen, hätte ein anthropologisches Kapitel dazugehört, in dem auch von der Neutralisierung der Religion die Rede gewesen wäre. So wie es vorlag, enthielt das für Adornos Gesellschaftstheorie grundlegende Werk außer einer Geschichtsphilosophie naturverfallener Naturbeherrschung und einer mit der Theorie des Antisemitismus verschränkten Theorie des autoritären Charakters eine Theorie der Kulturindustrie als drittes Hauptelement.

Zerfall des Marktes, Zerfall der bürgerlichen Familie, Zerfall des Ich, Zerfall der Bildung – so läßt sich die Kette jener Vorgänge verlängern, die in Adornos Augen das nachliberalistische Zeitalter kennzeichneten. Zerfall der Bildung, der Kultur im engeren Sinne bedeutete Zerstörung eines gesellschaftlichen Bereichs, in dem, wie in der bürgerlichen Familie, nicht nur die Reproduktion des Bestehenden betrieben wurde, sondern auch Raum für die Entstehung autonomen Denkens und Fühlens, des Widerstands gegen die verhärteten Verhältnisse naturverfallener Naturbeherrschung war. Indem auch die Kultur zu einer Angelegenheit von Großkonzernen und Verwaltungen wurde, wurde der Zerfallsprozeß beschleunigt, die Kultur in Regie genommen und als in Regie genommene in Übereinstimmung einerseits mit dem Profitmotiv, andererseits mit dem Interesse an der Stabilisierung autonomiefeindlicher gesellschaftlicher Verhältnisse standardisiert und homogenisiert.

Den Ausdruck Kulturindustrie – von ihnen als ersten systematisch verwendet – zogen Adorno und Horkheimer dem Wort Massenkultur vor, um das Mißverständnis auszuschließen, es handle sich um eine spontan aus den Massen selbst aufsteigende Kultur. Allerdings handelte es sich um eine, die sich darauf berufen konnte, von den Massen angenommen und gewollt zu werden. Die Massen aber bestanden eben nicht aus autonomen Individuen, sondern aus Subjekten, die durch die ökonomische Abhängigkeit und die Arbeitsbedingungen in der nachliberalistischen Gesellschaft zum Konformismus getrieben wurden. In der gegenwärtigen Gesellschaft – so Adorno in seiner neben dem Kulturindustrie-Kapitel der *Dialektik der Aufklärung* wichtigsten Abhandlung zu diesem Thema, der im Rahmen seiner Mitarbeit beim Princeton Radio Project entstandenen Abhandlung *On Popular Music* – sind die Konsumenten der Unterhaltungsmusik und die Unterhaltungsmusik Produkte derselben Produktionsmechanismen. „They want standardized goods and pseudo-individualization, because their leisure is an escape from work and at the same time is molded after those psychological attitudes to which their workaday world exclusively habituates them. Popular music is for the masses a perpetual busman's holiday." (*On Popular Music*, in: SPSS 1941, 38) Sie suchen der Langeweile zu entgehen, sind aber nicht willens und nicht fähig, die Anstrengung und den Ernst aufzubringen, die nötig sind, um neue und mehr als flüchtig interessierende Erfahrungen zu machen. „As a substitute, they crave a stimulant. Popular music comes to offer it. Its stimulations are met with the inability to vest effort in the ever-identical. This means boredom again. It is a circle which makes escape impossible. The impossibility of escape causes the wide-spread attitude of inattention toward popular music. The moment of recognition is that of effortless sensation. The sudden attention attached to this moment burns itself out instanter and relegates the listener to a realm of inattention and distraction. On the one hand, the domain of production and plugging presupposes distraction and, on the other, produces it." (*a. a. O.*, 38 f.)

Die Kulturindustrie erfüllte also nicht einfach die Bedürfnisse des Publikums, sondern bannte es in den Zustand, in den das System, zu dem die Kulturindustrie gehörte, es gebracht hatte und ständig aufs neue brachte, und sie war zudem darauf angelegt, jegliche Spur von Spontaneität des Publikums sogleich zu integrieren, statt Raum für ihre autonome Entfaltung zu lassen. Deshalb konnte Adorno ihr vorwerfen: „Beförderung und Ausbeutung der Ich-Schwäche, zu der die gegenwärtige Gesellschaft mit ihrer Zusammenballung von Macht ihre ohnmächtigen Angehörigen ohnehin verurteilt" („Resumé über Kulturindustrie", in: *Ohne Leitbild*, 68). Und deshalb konnte er so weit gehen zu sagen: „Vielleicht liegt das Geheimnis der faschistischen Propaganda darin, daß sie einfach die Menschen als das nimmt, was sie sind: echte, ihrer Selbständigkeit und Spontaneität weitgehend beraubte Kinder der heutigen standardisierten Massenkultur – und nicht Ziele aufstellt, deren Verwirklichung ebenso über den psychologischen wie über den gesellschaftlichen Status quo hinausginge." („Die Freudsche Theorie und die Struktur der faschistischen Propaganda", in: *Psyche*, Juli 1970, 504)

Aber brachte die Kulturindustrie nicht den Massen auch die autonome, die ernste Kunst nahe? Hatte Adornos Freund Walter Benjamin denn gänzlich unrecht mit seiner Hoffnung, im Zeitalter der technischen Reproduzierbarkeit der Kunstwerke werde ein nüchternes, aber eben ein heilsam nüchternes Verhältnis der Massen zur Kunst möglich? War es nicht besser, jemand hörte im Radio eine Star-Interpretation von Beethovens Neunter, als daß er überhaupt keine ernste Musik zu hören bekam? Das war eine letztlich unbeantwortbare Frage. Aber Adornos Bedenken hatten großes Gewicht: „Schon heute werden von der Kulturindustrie die Kunstwerke, wie politische Losungen, entsprechend aufgemacht, zu reduzierten Preisen einem widerstrebenden Publikum eingeflößt, ihr Genuß wird dem Volke zugänglich wie Parks. Aber die Auflösung ihres genuinen Warencharakters bedeutet nicht, daß sie im Leben einer freien Gesellschaft aufgehoben wären, sondern daß nun auch der letzte Schutz gegen ihre Erniedrigung zu Kulturgütern gefallen ist. Die Abschaffung des Bildungsprivilegs durch Ausverkauf leitet die Massen nicht in die Bereiche, die man ihnen ehedem vorenthielt, sondern dient, unter den bestehenden gesellschaftlichen Bedingungen, gerade dem Zerfall der Bildung, dem Fortschritt der barbarischen Beziehungslosigkeit." (*Dialektik der Aufklärung*, 190) Mußte denn nicht in der Tat das Bedürfnis nach autonomer Kunst sehr groß, der Sinn für sie bereits sehr entwickelt sein, um aus dem von der Kulturindustrie Servierten herauszuhören, was gerade vorenthalten werden sollte; um das zu durchdringen, was Adorno kennzeichnete als „das für die Physiognomik der Kulturindustrie wesentliche Gemisch aus streamlining, photographischer Härte und Präzision einerseits und individualistischen Restbeständen, Stimmung, zugerüsteter, ihrerseits bereits rational disponierter Romantik andererseits" (Resumé über Kulturindustrie, *a.a.O.*, 64)?

Benjamin hatte – inspiriert durch Brecht und vor allem auf neue Medien wie den Film setzend – eine Hoffnung formuliert. Adorno, von Anfang an skeptisch, lieferte eine Diagnose. In ihrer Schärfe versuchte auch sie Hoffnung zu bewahren. Danach lieferte die Kulturindustrie eine „traumlose Kunst fürs Volk" (*Dialektik der Aufklärung*, 149), in der „zur Demonstration seiner Göttlichkeit ... das Wirkliche immer bloß zynisch wiederholt" (176), das bloße Dasein dargestellt wurde, als ob es das richtige Leben sei, lächelnde oder joviale Entsagung als Entschädigung für Entsagungen angedreht und auf unterhaltsame Art für die Verhinderung von Erfahrung durch die Festschreibung von Stereotypen gesorgt wurde. Gerade die Totalität und der zunehmende Zynismus der Kulturindustrie, meinte Adorno, erlaubten aber Hoffnung. Die Ablösung der alten Ideologien durch die Verdoppelung der Wirklichkeit münde schließlich in eine so anspruchslose Reklame für die triste Wirklichkeit, daß sie am Ende keiner mehr ernstnehme. Die fröhliche Angepaßtheit der ich-schwachen Individuen werde sich selber als Teil der Reklame, der Fassade erweisen. Die Individuen, so schloß z.B. Adornos Abhandlung *On Popular Music*, müßten mit immer größerer Anstrengung den immer dünneren Schleier vor der Wahrheit aufrechterhalten. Diese Anstrengung könne jederzeit umschlagen in die Kraft zur widerstandsbereiten Einsicht in die unerträgliche Realität der antagonistischen Gesellschaft, dieses vermittels Profitinteresse und Klassenherrschaft „knirschend, stöhnend, mit unsäglichen Opfern" („Gesellschaft", in: *Ges. Schr.* 8, 15) funktionierenden Getriebes. Diese Hoffnung stützte sich auf die Denkfigur des Heranreifens des Richtigen in verkehrter Gestalt. Aber es war eine Hoffnung, die Adorno an anderen Stellen selber als eitel bezeichnete. Für eitel nämlich hielten er und Horkheimer die Hoffnung, die Spaltung des Bewußtseins – daß der Pofel, die Fassade, die zu Stereotypen entleerten Ideologien einerseits ernstgenommen, andererseits mit Geringschätzung und Spott betrachtet wurden – könne nicht über Generationen hinweg anhalten.

Adorno war ein dunkler, ja schwarzer Theoretiker der Gesellschaft, dem aber der Schein von Hoffnung, der von Denken und Kunst ausging, genügte, um an der Gesellschaft radikale Kritik zu üben im Lichte der Überzeugung, daß der Marxsche Imperativ unverändert gültig sei: alle Verhältnisse umzuwerfen, in denen der Mensch ein erniedrigtes, ein geknechtetes, ein verlassenes, ein verächtliches Wesen ist. Sein Versuch der Rechtfertigung dieses Imperativs lief auf eine Variante der Figur der bestimmten Negation hinaus, an der er gerade ohne absoluten Idealismus festhalten zu können glaubte. „Woher wissen Sie denn", fragte in einem Streitgespräch Gehlen Adorno, „was als Potential in den Menschen ungelenkt steckt?" Adorno: „Naja. Das weiß ich zwar nicht positiv, was dieses Potential ist, aber ich weiß aus allen möglichen ... Teileinsichten, daß die Anpassungsprozesse, denen die Menschen heute gerade unterworfen sind, in einem unbeschreiblichen Umfang ... auf Verkrüppelung der Menschen hinauslaufen. Nehmen wir doch zum Beispiel einen Komplex, über den Sie sehr viel nachgedacht haben, nämlich die technische Begabung. Sie tendieren dazu, zu sagen ..., daß es so etwas wie einen instinct of workmanship, also eine Art von technologisch-anthropologischem Instinkt gibt. Ob das nun so ist oder nicht, ist für mich sehr schwer zu entscheiden. Ich weiß aber, daß es heute ungezählte Menschen gibt, deren Verhältnis zur Technik, wenn ich es einmal so – klinisch – ausdrücken darf, neurotisch ist, das heißt die konkretistisch an die Technik, an alle möglichen Mittel der Beherrschung des Lebens gebunden sind, weil die Zwecke – nämlich eine Erfüllung ihres eigenen Lebens und ihrer eigenen lebendigen Bedürfnisse – ihnen weitgehend versagt ist. Und ich würde sagen, allein die psychologische Beobachtung all der ungezählten defekten Menschen, mit denen man es zu tun hat ... berechtigt doch dazu, zu sagen, daß die Potentialitäten der Menschen durch die Institutionen in einem noch nie dagewesenen Maß verkümmert und unterdrückt werden." (Adorno/Gehlen, „Ist die Soziologie eine Wissenschaft vom Menschen?", in: Grenz, *Adornos Philosophie in Grundbegriffen*, 246f.)

3. Kritische gegen administrative Soziologie

Wie gelangte der kritische Gesellschaftstheoretiker zu seinen Einsichten? Welchen Status beanspruchte er für sie? Wenn im falschen Leben kein richtiges möglich war, wie konnte es dann unrestringierte Erfahrung, wahre Erkenntnis geben? Wenn, wie Adorno meinte, Wissenschaft einst das Denken vor dogmatischer Bevormundung geschützt hatte, inzwischen aber die Berufung auf Wissenschaft und auf die Alleingültigkeit ihrer Methoden das Denken dogmatisch einschränkte – war dann die Entwicklung einer alternativen Wissenschaft möglich, die, ohne Erkenntnis dogmatisch einzuschränken, deren Verbindlichkeit gewährleistete, oder plädierte Adorno für die Verabschiedung der Wissenschaft überhaupt zugunsten eines individualistischen, vom organisierten Forschungsbetrieb abgekoppelten Erfahrens und Denkens? Sah er in seinen eigenen soziologischen Arbeiten Beispiele alternativer Wissenschaft oder einfach von Überlebensnotwendigkeiten erzwungene Zugeständnisse an das von ihm Kritisierte?

Adornos Sicht war: eine soziologische Theorie, an die er hätte anknüpfen können, gab es zu seiner Zeit nicht. Die herrschende Soziologie war empirische Soziologie. Für die 40er Jahre war das eine richtige Sicht. Und für die Situation in der Bundesrepublik der fünfziger Jahre brauchte sie nicht geändert zu werden, da diese Situation gekennzeichnet war durch die Durchsetzung empirischer Forschung gegenüber Resten geisteswissenschaftlicher und formaler soziologischer Theorie. Einzig Talcott Parsons wurde in den fünfziger Jahren von Adorno kritisch berücksichtigt – aber lediglich als ein Beispiel dafür, wie durch methodologische und begriffsstrategische Erwägungen der eigentliche Gegenstand soziologischer Theorie, nämlich die antagonistische Gesellschaft und das dialektische Verhältnis von Gesellschaft und Individuum, zugedeckt wurde. Die Gegenposition zur eigenen Gesellschaftstheorie sah Adorno nicht so sehr in anderen Theorien der Gesellschaft, als vielmehr in dem Umstand, daß die dominierende empirische Soziologie den eigentlichen Gegenstand soziologischer Theorie für grundsätzlich oder auf unabsehbare Zeit ungreifbar erklärte oder gar als für die Wissenschaft inexistent abtat. Selbstbewußt und ohne den Versuch einer immanent kritischen Anknüpfung an zeitgenössische Konzeptionen soziologischer Theorie setzte Adorno den von ihm als „Soziologie ohne Gesellschaft" gekennzeichneten Positionen eine zur Philosophie hin offene und auf Theoreme der Marxschen Kritik der politischen Ökonomie aufbauende „Theorie der Gesellschaft" entgegen. Im Bereich der empirischen Sozialforschung war er dagegen bemüht um kritische Erweiterung, Korrektur, Ergänzung der herrschenden Forschungsmethoden.

Beides, die theoretische Soziologie, soweit er sie wahrnahm, wie die herrschende empirische Sozialforschung kritisierte er ohne näheres Eingehen auf sie als „positivistisch". Seinerseits vertrat er emphatisch die Auffassung, „fruchtbare theoretische Erkenntnis" sei „anders als in engster Fühlung mit ihren Materialien nicht möglich" („Wissenschaftliche Erfahrungen in Amerika", in: *Stichworte,* 148). Die von ihm so selbstbewußt vertretene Theorie der Gesellschaft und die von ihm für korrektur- und ergänzungswürdig befundene Empirie blieben jedoch bei ihm ohne ständige enge Fühlung miteinander. Es war, als stellte für ihn auch eine korrigierte und verfeinerte empirische Sozialforschung letztlich doch bloß ein Zugeständnis an den Wissenschaftsbetrieb dar, während eine wirkliche „Restitution von Erfahrung gegen ihre empiristische Zurichtung" (ibid.) ihm auf unabsehbare Zeit nur in der provisorischen Form eines altehrwürdigen Sichverlassens auf die eigene Erfahrung, auf die Empirie eines selbstkritischen und durch Kunst und Philosophie sensibilisierten Gebildeten möglich schien. So gab es bei Adorno mehrerlei Haltungen, die – mit gelegentlich wechselndem Gewicht – nebeneinander bestanden: eine Tendenz zu philosophischer Theorie, die sich auf subjektive unrestringierte Erfahrung berief und soziologische Theorie und empirische Sozialforschung als positivistisch verwarf; eine Bejahung empirischer Sozialforschung als eine Form inhumaner Aufdeckung inhumaner Zustände, die falsche Spekulationen widerlegen half und eine objektiv aufklärerische Funktion hatte, die ihn „als Philosophen" der empirischen Sozialforschung verband (vgl. *Ges. Schr.* 8, 483); die vage Forderung nach einer nur von der kritischen Gesellschaftstheorie zu leistenden spezifischen empirischen Sozialforschung, wobei unklar war, ob es Adorno um mehr ging als um Fragen der Verfügung über Ressourcen und eine nur in der Themenwahl und den Anwendungsbedingungen von der Empirie der „empirischen Soziologie" unterschiedenen empirischen Sozialforschung (vgl. hierzu Bonß, *Die Einübung des Tatsachenblicks*).

Kritische empirische Sozialforschung zu praktizieren versuchte Adorno dreimal: bei Lazarsfelds Princeton Radio Research Project, beim Berkeley-Projekt über Wesen und Ausmaß des Antisemitismus und bei der Untersuchung des remigrierten Instituts für Sozialforschung über das politische Bewußtsein der Westdeutschen.

Lazarsfeld hatte sich Adorno als Leiter der musikalischen Abteilung des Princeton Radio Research Projects gewünscht, gerade weil er diesen Projektbereich zum „hunting ground for the ‚European approach'" (Lazarsfeld-Adorno, 24. 11. 1937) machen wollte. Damit meinte er: ein eher theoretisches Herangehen an das Forschungsproblem und eine eher skeptische Einstellung gegenüber dem allgemein als technischer Fortschritt gepriesenen Radio. Allerdings sollten die theoretischen Erwägungen nach einer gewissen Zeit zur Ausarbeitung von Techniken für die Feldforschung und zur Feldforschung selbst führen. Lazarsfelds Hoffnung, in einem Randbereich des Radio-Projekts Adornos kritische Energien für die Realisierung eines kritisch gewendeten social research nutzen zu können, blieb unerfüllt. Adorno vermochte es nicht, „Fragebogen und Interviewschemata wenigstens zu den Nervenpunkten zu entwerfen" („Wissenschaftliche Erfahrungen in Amerika", in: *Stichworte*, 123). Es blieb bei „ersten Ansätzen einer Integration meiner spezifischen Bestrebungen mit amerikanischen Methoden" (126).

Diese Integration erreichte ihren Höhepunkt beim Berkeley-Projekt, in *The Authoritarian Personality*. In Zusammenarbeit mit der Levinson-Gruppe ein Buch über die Analyse und Messung des Antisemitismus zu machen, hatte Horkheimer gleich zu Beginn des Projekts begeistert gemeint, werde zu einem neuen Ansatz in der Sozialforschung führen. Es werde endlich zu dem kommen, was das Institut seit seiner Ankunft in den USA propagiert habe: „the bringing together of certain European concepts with American methods" (Horkheimer-Pollock, 17. 12. 43). Lazarsfeld bescheinigte nach der Lektüre der Kapitel über die Antisemitismus- und die Faschismus-Skala dem Projekt: damit sei erstmals die Kombination der Ideen der Horkheimer-Gruppe mit der Tradition empirischer Sozialforschung gelungen. Die Hauptkonzepte seien klar und in empirisch überprüfbarer Form definiert, die theoretischen Annahmen durch die Tests als richtig erwiesen. Es sei Neues entdeckt und die Bedeutung theoretischen Denkens für die empirische Forschung demonstriert worden.

Adorno selbst sah im Berkeley-Projekt und dessen Ergebnis den Beweis, wie im Licht einer Theorie, die „kein bloßes Vehikel" war, „das überflüssig würde, sobald man die Daten einmal zur Verfügung hat" (*Stichworte*, 129), Desideraten der Quantifizierung durch theoretisch fundierte Kategorien Genüge getan werden konnte und quantitative und qualitative Analysen sich miteinander verklammern ließen. „Die Aporie, daß das rein quantitativ Ermittelte selten die genetischen Tiefenmechanismen erreicht, den qualitativen aber ebenso leicht die Generalisierbarkeit und deswegen die objektive soziologische Gültigkeit aberkannt werden kann, suchten wir zu meistern, indem wir eine ganze Reihe verschiedener Techniken verwendeten, die wir nur im Kern der dahinter stehenden Konzeption aufeinander abstimmten." (*a. a. O.*, 135)

Seine qualitativen Interview-Analysen suchte Adorno noch einmal eigens methodologisch zu legitimieren. Er tat das einerseits durch den Hinweis, daß im Rahmen der qualitativen Analyse entwickelte spekulativ wirkende Gedanken sich dadurch bewährt hätten, daß sie zur Grundlage für einige der Variablen geworden seien, die die Aufstellung der Skalen-Sätze leiteten. Vor allem aber suchte er die qualitative Analyse als eine Methode eigenen Rechts zu erweisen. Er charakterisierte sie als „a phenomenology based on theoretical formulations and illustrated by quotations from the interviews" (*The Authoritarian Personality*, 603). Sie erlaube es, in einem sonst kaum möglichen Maß „to exploit the richness and concreteness of ‚live' interviews". Der Verlust an Exaktheit werde wettgemacht durch Flexibilität und Nähe zu den Phänomenen. So könnten z. B. Äußerungen, die bloß vereinzelt oder gar bloß einmal vorkämen, aber in ihrer oft extremen Form Licht auf verbreitete Tendenzen würfen, angemessene Berücksichtigung finden. Die Überprüfung der Konsistenz der Interpretationen solcher Äußerungen mit dem Gesamtbild schütze vor Willkür. Für die Publikation der Ergebnisse der Untersuchung des politischen Bewußtseins der Westdeutschen (s. u.) hatte Adorno konsequenterweise einen Anhang mit der wörtlichen Übertragung einiger typischer Protokolle vorgesehen. Denn solange die Auswertungsmethoden nicht weit über ihren gegenwärtigen Stand hinaus entwickelt seien, teile sich die eigentliche Überzeugungskraft der qualitativen Befunde nur durch die Kenntnis des primären Materials mit. „Erst der lebendigen Erfahrung ganzer zusammenhängender Diskussionen (das Material der Analyse bestand aus den Protokollen von Gruppendiskussionen, R. W.) zergeht der Schein von Willkür, der an der Auslegung von Einzelbelegen haftet, solange sie nicht im Strukturzusammenhang gesehen werden." (*Gruppenexperiment*, 275)

Sowenig es aus Platzgründen im *Gruppenexperiment* zum Abdruck ganzer Diskussionsprotokolle kam, sowenig in der *Authoritarian Personality* zu dem, was in Adornos Augen erst den Höhepunkt der Leistungsfähigkeit qualitativer Analyse ausgemacht hätte: eine „größere Anzahl von Profilstudien", d. h. von „eingehenden Analysen einzelner Versuchspersonen auf Grund des gesamten über sie vorliegenden Materials, also Fragebogen, Interviews, Murray tests und Rorschach" (Adorno-Horkheimer, 23. 5. 45). Durch solche umfassenden Fallstudien wäre die Palette korrektiver Ergänzungen zu den üblichen Erhebungs- und Auswertungsmethoden in einer wesentlichen Hinsicht erweitert worden.

Ein anderer wichtiger methodischer Schritt inspirierte das bei der Untersuchung über das politische Bewußtsein der Westdeutschen angewandte Verfahren: die Gruppendiskussionsmethode. Ihre Pointe war: durch die Herstellung einer möglichst alltagsnahen Situation, in der der freie Gesprächsablauf lediglich durch einen Grundreiz, z. B. einen echten oder fiktiven Zeitungsartikel zu einem bestimmten Themenkomplex, und durch möglichst unauffällige gelegentliche Bemerkungen des „Diskussionsleiters" thematisch gesteuert wurde, sollte die unzensierte Äußerung von Meinungen erreicht bzw. das Verhalten der Individuen unter einigermaßen realistischen Bedingungen aufgedeckt werden. Dieses Interesse an Methoden „realistischer Meinungsforschung" war nicht neu in der Arbeit des Instituts. Bei einer Art Ableger des großen Antisemitismus-Projekts, einer Untersuchung über Antisemitismus unter Arbeitern, war das vom Institut entwickelte Verfahren der „participant interviews" angewandt worden: die verdeckte, im Alltag sich ergebende Gesprächssituationen unauffällig nutzende „Befragung" sozialer Gruppen durch von Fachleuten instruierte Angehörige dieser Gruppen. Im Zusammenhang mit dieser Erhebungsmethode hatte Horkheimer sogar schon die Vorstellung der später so genannten Aktionsforschung entwickelt und in der Untersuchung sozialer Gruppen durch instruierte Angehörige dieser Gruppen ein Beispiel für das Bemühen des Instituts um Forschungsmethoden gesehen, die zugleich aufklärend wirkten. Durch die Instruierung der Feldarbeiter, meinte er, entstünden aufgeklärte Gruppen, die zum Abbau von Vorurteilen beitragen würden. Adorno seinerseits hatte für eines der Teilprojekte des Antisemitismus-Projekts, nämlich die Analyse der Methoden antisemitischer Agitatoren, die seit den dreißiger Jahren an der Südwestküste der USA gehäuft auftraten, den Vorschlag gemacht, Feldarbeiter in die Versammlungen zu schicken, die genau aufnehmen sollten, wann es Beifall gab und wann nicht und wie die Grade der Begeisterung waren. Das blieben aber gelegentliche Gedanken, die nicht systematisch zu einer Konzeption kritischer empirischer Sozialforschung ausgebaut wurden.

Zu einer solchen Konzeption müßten einige kennzeichnende Elemente gehören, die die empirische Sozialforschung kritischer Theoretiker durch mehr als nur die Vielfalt der Methoden, die Anwendung verfeinerter Methoden und die ausgeprägte theoretische Orientierung vom „orthodoxen social research" (Adorno) oder „administrative social research" (Lazarsfeld) unterschieden. Dazu mußte z. B. die Hochschätzung der Recherchier-Arbeit gehören. Gerade bei der Datenerhebung konnten unroutinierte, phantasievolle und mit den theoretischen Voraussetzungen und den Problemstellungen des Projekts vertraute Mitarbeiter wichtige Beobachtungen und Erfahrungen machen, die zur richtigen Interpretation der Daten, zur Korrektur der angewandten Methoden und zur Berücksichtigung neuer Aspekte beizutragen vermochten. Ein anderer wichtiger Punkt mußte sein, daß zumindest einige Mitarbeiter mit den Lebensbedingungen und der Lebenswelt der Probanden vertraut waren oder sich damit vertraut machten. Ein weiterer wichtiger Punkt war schließlich, daß, wo immer es sinnvoll war, spätestens nach dem Abschluß eines Projekts die Untersuchten mit den Ergebnissen und den Nutzanwendungen und Nutzungsmöglichkeiten der Untersuchung vertraut gemacht wurden und die Chance erhielten, aus Objekten der Forschung zu Mit-Subjekten einer sich über sich aufklärenden Gesellschaft zu werden.

Adorno entwickelte keine unverwechselbare Konzeption kritischer empirischer Sozialforschung, sondern begnügte sich damit, der orthodoxen Sozialforschung vorzuwerfen, angesichts der Wahl zwischen Zuverlässigkeit und Relevanz ihrer Befunde entscheide sie sich für die Zuverlässigkeit, auch wenn dadurch die gesellschaftlich relevanten Problemstellungen vernachlässigt würden. Sie suche sich ihre Themen unterm Gesichtspunkt ihrer Bearbeitbarkeit durch exakte, auf Quantifizierung fixierte Methoden aus, statt die empirische Sozialforschung zu einem Instrument der Einsicht in das Wesentliche zu schärfen, das sich immer wieder den exakten Methoden zu entziehen trachte. Die Pointe dieser Kritik war ideologiekritischer Art: der Vorrang der Exaktheit im orthodoxen social research entsprach den verdinglichten Verhältnissen, aber er verhinderte auch die Einsicht in den verdinglichten Charakter dieser Verhältnisse. Die orthodoxe Sozialforschung war das richtige Bewußtsein eines falschen Zustandes, aber sie nahm diesen falschen Zustand hin, als sei er der richtige.

Während Adorno die Ausarbeitung einer spezifischen Konzeption kritischer empirischer Sozialforschung nicht für vorrangig oder nötig oder möglich zu halten schien, setzte er sich entschieden für den für eine kritische Soziologie unabdingbaren Vorrang der Theorie ein. Das zeigte sich z. B. in seiner Auseinandersetzung mit Popper im sogenannten Positivismusstreit. Adorno bekämpfte die Reduktion von Theorie auf das für einigermaßen sinnvolle empirische Untersuchungen unumgänglich notwendige Hypothesenmaterial. Karl R. Popper, der mit seiner Betonung des Vorrangs der Theorie und der bloß korrektiven Funktion der Empirie der kritischen Theorie näher zu stehen schien als den eigentlichen Positivisten, gehörte für Adorno dennoch ebenfalls zu den „positivistischen" Gegnern, weil er unter Theorie auch bloß deduktive Systeme von Aussagen verstand, die als potentielle Hypothesen nach und nach, wenn auch nicht sämtlich, Experimenten bzw. Tests zu unterwerfen waren. Adorno aber meinte: „Theorie ist unabdingbar kritisch. Darum aber sind aus ihr abgeleitete Hypothesen, Voraussagen von regelhaft zu Erwartendem ihr nicht voll adäquat. Das bloß zu Erwartende ist selber ein Stück gesellschaftlichen Betriebs, inkommensurabel dem, worauf die Kritik geht. Die wohlfeile

Genugtuung darüber, daß es wirklich so kommt, wie sie es geargwöhnt hatte, darf die gesellschaftliche Theorie nicht darüber hinwegtäuschen, daß sie, sobald sie als Hypothese auftritt, ihre innere Zusammensetzung verändert. Die Einzelfeststellung, durch die sie verifiziert wird, gehört selbst schon wieder dem Verblendungszusammenhang an, den sie durchschlagen möchte. Für die gewonnene Konkretisierung und Verbindlichkeit hat sie mit Verlust an eindringender Kraft zu zahlen; was aufs Prinzip geht, wird auf die Erscheinung eingeebnet, an der man es überprüft." („Soziologie und empirische Forschung", in: *Ges. Schr.* 8, 197 f.)

Zwischen Theorie und Empirie, so meinte Adorno, bestand ein Bruch. Ging man von den Einzelerhebungen aus, dann war nach den Spielregeln der empirisch-analytischen Wissenschaftsauffassung bestenfalls die Gewinnung klassifikatorischer Oberbegriffe möglich, die aber nicht „das Leben der Gesellschaft selber ausdrücken" (*a. a. O.*, 198). Umgekehrt bildeten für die Einsicht in das Wesen der modernen Gesellschaft die empirischen Befunde bloß Tropfen auf den heißen Stein. Nach den Spielregeln der empirisch-analytischen Wissenschaftsauffassung blieben die Beweise für zentrale Strukturgesetze der Gesellschaft allemal anfechtbar. Adornos recht pragmatische Konsequenz hieß: Die Theorie der Gesellschaft ist nicht durch empirische Befunde zu verifizieren. Deshalb kommt der Theorie ein großes Maß an Autonomie zu. Zugleich aber sind theoretisch orientierte und mit verfeinerten Methoden arbeitende empirische Untersuchungen geeignet, die theoretischen Konzeptionen zu kontrollieren.

In die selbstbewußte Verteidigung der Theorie der Gesamtgesellschaft gegenüber „positivistischer" Fesselung der Erfahrung mischten sich gelegentlich bescheidene Töne. Den „Positivisten" warf Adorno Verzicht auf das Denken des Ganzen vor, von dem her Einzeluntersuchungen und empirische Studien erst ihre Relevanz erhalten könnten. Er selbst aber gestand, ungeachtet der wiederholt geäußerten Überzeugung, die gesellschaftlichen Verhältnisse seien eher durchsichtiger als undurchsichtiger geworden, in seinem Vortrag über *Spätkapitalismus oder Industriegesellschaft?*, mit dem er 1968 den Deutschen Soziologentag in Frankfurt eröffnete: „Denkbar, daß die gegenwärtige Gesellschaft einer in sich kohärenten Theorie sich entwindet. Marx hatte es insofern leichter, als ihm in der Wissenschaft das durchgebildete System des Liberalismus vorlag. Er brauchte nur zu fragen, ob der Kapitalismus in seinen eigenen dynamischen Kategorien diesem Modell entspricht, um in bestimmter Negation des ihm vorgegebenen theoretischen Systems eine ihrerseits systemähnliche Theorie hervorzubringen. Unterdessen ist die Marktökonomie so durchlöchert, daß sie jeglicher solchen Konfrontation spottet. Die Irrationalität der gegenwärtigen Gesellschaftsstruktur verhindert ihre rationale Entfaltung in der Theorie. Die Perspektive, daß die Lenkung der ökonomischen Prozesse an die politische Macht übergeht, folgt zwar aus der deduziblen Dynamik des Systems, ist aber zugleich eine zu objektiver Irrationalität hin. Das, nicht allein der sterile Dogmatismus ihrer Anhänger, dürfte erklären helfen, warum es längst zu keiner überzeugenden objektiven Gesellschaftstheorie mehr kam." (*Ges. Schr.* 8, 359 f.) Allerdings fuhr er fort: „Unter diesem Aspekt wäre der Verzicht auf jene kein kritischer Fortschritt wissenschaftlichen Geistes, sondern Ausdruck zwanghafter Resignation."

Anfang der 60er Jahre war eben dies Problem zwischen ihm und Horkheimer zur Sprache gekommen, als es darum ging, wie das Vorwort zu dem Band *Sociologica II* aussehen sollte, der Reden und Vorträge der beiden vereinigte und ihre erste gemeinsame Publikation seit der *Dialektik der Aufklärung* darstellte. Bei dieser Gelegenheit wurde noch einmal deutlich, welch unterschiedliche Bedeutung für die beiden die „Theorie der Gesellschaft" hatte. Horkheimer bedrückte es, daß sie – wie er es in seinem Entwurf für ein Vorwort formulierte – „einzelne Betrachtungen anstatt einer Theorie der Gesellschaft" vorlegten, „wie es im Sinne der ,Dialektik der Aufklärung' gelegen wäre". Er suchte das dadurch zu erklären, daß das Potential der Verwirklichung von über das Bestehende hinausgreifenden Impulsen fehle, von dem die Theorie beseelt sein müsse. So hätten sie ihre Kraft mehr der akademischen Tätigkeit gewidmet als sie je für möglich gehalten hätten – aber auch mehr, so klang durch, als sich angesichts der Verpflichtung zur Theorie selbst in einer objektiven Situation, die „der geschlossenen Theorie zuwider" war, rechtfertigen ließ.

Adorno sah das anders. Die bei aller totalen Vergesellschaftung zugleich zunehmend irrationale Gesellschaft ließ zwar eine „einstimmige Theorie", die fast unabdingbar „System" sein müsse, nicht zu. Aber eine anti-idealistische, dem Begriff des Systems opponierende Konzeption der Gesellschaft durfte in seinen Augen auch gar nicht systematisch sein wollen. Den Autoren – so formulierte er es in seiner Variante des Vorwort-Entwurfs – schwebe ein gesellschaftliches Denken und eine gesellschaftliche Erfahrung vor, die so wenig abschlußhafte Theorie verkündige wie bloß feststelle, was angeblich der Fall sei. Aus Horkheimers Not konnte so nahezu eine Tugend werden. In den Reden und Vorträgen, die der Band vereinigte, sah er eine „Sammlung von Marginalien zu einer nicht vorhandenen, zumindest nicht ausdrücklichen Theorie der Gesellschaft". Darin klang das Kracauersche Ideal einer theoretisch strukturierten, aber nicht ausdrücklich theoretisierenden Konstruktion der Realität an, die auf die Systematik ihres Gegenstandes nicht angewiesen war. Adorno konnte so die Unmöglichkeit einer kohärenten Theorie beklagen und doch eine Theorie der Gesellschaft für möglich halten, eine unausdrückliche nämlich, die ihre Beseeltheit nicht aus dem Potential der Verwirklichung von über das Bestehende hinausgreifenden sozialen Impulsen bezog, sondern aus dem Versprechen, das im Standhalten vor allem autonomer Kunst angesichts der irrationaler werdenden Gesellschaft lag. Vielleicht kann man es so sagen: veranlaßt durch die Zusammenarbeit mit Horkheimer und dem Institut lieferte Adorno mit seinen qualitativen Analysen und geschichtsphilosophisch inspirierten soziologischen und sozialpsychologischen Theoremen eindrucksvolle Beiträge zu einer Theorie der Gesellschaft, die als solche aber für ihn keine vorrangige Bedeutung hatte.

IV. Philosophie der modernen Kunst: Ästhetischer Schein als Glücksversprechen

Adornos geschichtsphilosophische und zeitdiagnostische Überlegungen mündeten immer wieder ein in Gedanken über Möglichkeit, Charakter und Funktion moderner Kunst (vgl. S. 5). Nur für wenige Philosophen, wie z. B. Schelling, hatte Kunst einen so zentralen Stellenwert wie für Adorno. Keiner hat ihr einen so großen Teil seines Werks gewidmet wie er. Gut die Hälfte der *Gesammelten Schriften* betrifft die Kunst, vor allem die Musik.

Adornos Ästhetik, wie er sie in Essays und Büchern entwickelt hat, ist sowohl Produzenten- wie Werk- wie Rezeptionsästhetik in geschichtsphilosophisch-gesellschaftstheoretischer Perspektive. Die *Ästhetische Theorie,* sein letztes, nahezu vollendetes Werk, das er Samuel Beckett hatte widmen wollen, erhebt den Anspruch, was für die Musik gelte, gelte exemplarisch für die Kunst überhaupt. Wie die vorangegangenen Arbeiten macht sie zum methodischen Prinzip, daß von den jüngsten Phänomenen her das Frühere zu verstehen sei. Sie nimmt als durch Erfahrung erwiesen an, daß nur, wer die Kunst seiner Zeit versteht, auch vergangene Kunst und Kunst überhaupt wirklich zu verstehen vermag. Sie unterstellt, daß ein Kunstwerk angemessen zu verstehen nur dem möglich ist, der es gewissermaßen noch einmal komponiert, noch einmal malt, noch einmal dichtet.

Das sind brisante Annahmen angesichts der von Adorno konstatierten Schwächung oder gar Liquidation des Individuums in der nachliberalistischen Gesellschaft. Konnte er in ihr überhaupt noch Chancen für eine Weiterentwicklung der Kunst sehen? War er nicht – mehr noch als Hegel – zu der Auffassung verurteilt, die Zeiten für eine authentische Produktion und Rezeption von Kunst seien vorbei?

In seinen Überlegungen zu einer „Tendenz des Materials" – ein Konzept, das zum festen Bestandteil der Musikästhetik geworden ist – versuchte Adorno, die Komplexität des Verhältnisses zwischen gesellschaftlicher Entwicklung und Kunstentwicklung zu erfassen. Er sah in der Musik Möglichkeiten eines Fortschritts, die er der Gesellschaft nicht zugestand. Und mit großer Energie bemühte er sich um eine Rettung des ästhetischen Scheins als Ort des Glücksversprechens in einer von naturverfallener Naturbeherrschung bestimmten Welt, um den vor Widersprüchen nicht zurückschreckenden Nachweis der Möglichkeit von authentischer Kunst unter Bedingungen ihrer Unmöglichkeit. Bei aller Problematik seiner Konzeptionen ist die Summe seiner Gedanken zur Ästhetik, die *Ästhetische Theorie,* bis heute das kunstphilosophische Werk mit dem größten Anregungspotential.

1. Tendenz des Materials

Ausgangspunkt für das Verständnis von Adornos Ästhetik sind seine musikphilosophischen Arbeiten, vor allem die *Philosophie der neuen Musik,* von der er selbst meinte, sie sei verbindlich gewesen für alles, was er danach über Musik geschrieben habe. Man stößt sogleich auf einen merkwürdigen Sachverhalt. In der Einleitung zur *Philosophie der neuen Musik* heißt es: Die Meinung, Beethoven sei verständlich und Schönberg unverständlich, sei objektiv Trug. „Während an der neuen Musik dem von der Produktion abgeschnittenen Publikum die Oberfläche befremdend klingt, gingen doch ihre exponiertesten Phänomene aus eben den gesellschaftlichen und anthropologischen Voraussetzungen hervor, welche die eigenen der Hörer sind. Die Dissonanzen, die sie schrecken, reden von ihrem eigenen Zustand: einzig darum sind sie ihnen unerträglich. Umgekehrt ist der Gehalt des allzu Vertrauten so weit dem entrückt, was heute über die Menschen verhängt wird, daß ihre eigene Erfahrung kaum mehr mit der kommuniziert, für welche die traditionelle Musik zeugt." (*Philosophie der neuen Musik,* 16) Das war eine einleuchtende, vor allem von der Literatur und der Malerei her vertraute Überlegung. Zeitgenössische Künstler versuchten, der Erfahrung ihrer Zeit Ausdruck zu verleihen und sahen sich dabei gezwungen, überlieferte Konventionen aufzugeben und nach neuen Ausdrucksmitteln zu suchen. Die Zerstörung der alten Formen, das Experimentieren mit neuen und die Präsentation neuer bzw. neu gesehener Inhalte verschreckten das Publikum, das zugleich mit den Formen, an die es gewöhnt war, die durch jene Formen in gewohnter Weise geprägten und ausgewählten Inhalte schätzte.

In der eigentlichen Untersuchung aber wurde vom „bedrohlichen gesellschaftlichen Zustand ... außen" die „geschichtliche Tendenz der Mittel selber" unterschieden und als Grundlage der weiteren Untersuchung die Konzeption einer „Tendenz des Materials" eingeführt, das eigenen Bewegungsgesetzen folge und Forderungen an den Komponisten ergehen lasse, denen dieser in äußerster Selbständigkeit und Spontaneität zu gehorchen habe (36 f.). Warum verlieh Adorno einer dialektischen Bewegung des Materials, die er abgelöst sah vom Erfahrungsgehalt der einzelnen Werke, zentralen Stellenwert? Warum sprach er von Material und nicht von Ausdrucks- oder Darstellungsmitteln? Warum machte er eine Konzeption zum tragenden Element seiner Musikphilosophie, die zu der absurden Vorstellung führte, daß der Künstler, indem er sein „Material" bearbeitete, seine Ausdrucks- und Darstellungsmittel bearbeitete, statt vor allem mit ihnen zu arbeiten?

Die eigentümliche Konzeption einer Tendenz des Materials ist Symptom einer Musikphilosophie, die, ohne auf die Vermittlungen zwischen Musik und Gesellschaft näher eingehen zu wollen, die gesellschaftliche Relevanz der musikalischen Vorgänge erweisen wollte. Sie stützte sich dabei auf die folgende Grundannahme: „Desselben Ursprungs wie der gesellschaftliche Prozeß und stets wieder von dessen Spuren durchsetzt, verläuft, was bloße Selbstbewegung des Materials dünkt, im gleichen Sinne wie die reale Gesellschaft, noch wo beide nichts mehr voneinander wissen und sich gegenseitig befehden. Daher ist die Auseinandersetzung des Komponisten mit dem Material die mit der Gesellschaft, gerade soweit diese ins Werk eingewandert ist und nicht als bloß Äußerliches, Heteronomes, als Konsument oder Opponent der Produktion gegenübersteht." (38)

Damit machte sich Adorno als Denkfigur den Gedanken der Leibnizschen Monadologie und Lehre von der prästabilierten Harmonie zu eigen, wonach die Welt aus Monaden bestand, die „keine Fenster" hatten, aber jeweils – in unterschiedlichen Graden der Klarheit und Deutlichkeit – das ganze Universum „repräsentierten", und Gott alle Substanzen so geschaffen hatte, daß, indem jede dem Gesetz ihrer inneren Entwicklung in voller Selbständigkeit folgte, sie zugleich mit allen anderen in jedem Augenblick in genauer Übereinstimmung stand. Indem er diesen Gedanken als eine Metapher übernahm und auf das Verhältnis von Kunst und Gesellschaft anwandte, gab er der marxistischen Lehre von Unterbau und Überbau eine Wendung, die ebenso undogmatisch wie metaphysisch wirkte.

Es war eine für sein Denken tragende Metapher, die schon in den frühen dreißiger Jahren und noch im letzten Werk auftauchte. „Im fensterlosen, dichten Werk wird der Autor der Geschichte gewahr", hieß es 1930 in dem Aufsatz *Reaktion und Fortschritt*, und in der *Ästhetischen Theorie*: „als fensterlose Monaden" stellen die Kunstwerke vor, was sie nicht selbst sind (*Ästhetische Theorie*, 15).

Fragt man sich nach dem Sinn von Adornos mit so weitreichenden Unterstellungen belasteter Annahme einer Korrespondenz von Kunst und Gesellschaft, dann wird klar: So ließ sich die strikte Autonomie des Künstlers verteidigen und seine Arbeit doch als gesellschaftlich relevant rechtfertigen. So war eine Geschichtsphilosophie der Kunst möglich, die sich nicht dem Problem der künstlerischen Verarbeitung gesellschaftlich-historischer Erfahrungen zu stellen brauchte, sondern sich auf den Standpunkt stellen konnte: „all diese innerästhetischen Tendenzen stimmen aufs genaueste zusammen mit solchen der Gesamtgesellschaft, ohne daß die Vermittlung zwischen beiden Bereichen allenthalben durchsichtig wäre" („Das Altern der Neuen Musik", in: *Dissonanzen*, 141). So konnte eine Korrespondenz von künstlerischem und gesellschaftlich-historischem Geschehen angenommen werden, bei der die Arbeit des Künstlers je nachdem zur Wirklichkeit oder zu den Möglichkeiten der Gesellschaft in Beziehung gesetzt, als Medusenspiegel oder als Vorschein des Besseren, als Memento oder als Versprechen aufgefaßt werden konnte. So ergab sich schließlich, indem sich eine Korrespondenz zwischen der künstlerischen Bearbeitung des „Materials" und der gesellschaftlichen Bearbeitung der Natur herstellen ließ, die Möglichkeit, die Arbeit des Künstlers zum Modell für das Verhalten der Gesellschaft gegenüber der Natur zu machen.

Dieser letzte Punkt gab der Konzeption einer mit der Tendenz der Gesellschaft korrespondierenden Tendenz des Materials einen Sinn, der auf das eigentlich Faszinierende an Adornos Musikphilosophie führte. Dieser Sinn beruhte allerdings auf einen Äquivokation im Begriff des Materials, denn „Material" sollten ja für den Komponisten seine Audrucksmittel sein – für einen Komponisten der Wiener Klassik z. B. die Tonalität, die temperierte Skala, die Möglichkeit der Modulation im vollkommenen Quintenzirkel, musikalische Formen wie Rondo, Sonate, Symphonie, und zahlreiche idiomatische Bestandteile. Seit Adorno den Begriff des Materials verwendete, hatte er aber zugleich, und zwar gerade dann, wenn er ihn emphatisch verwendete, die Bedeutung von: Objekt, Natur, dumpfer, unemanzipierter Natur, zugerichteter Natur.

In einem Gespräch mit dem Komponisten Ernst Krenek über Musik und soziale Situation hatte Adorno 1930 gemeint, die Entmythologisierung des musikalischen Materials stehe in engstem Zusammenhang mit dem Emanzipationsprozeß der europäischen ratio insgesamt; wer die Forderungen des musikalischen Materials in Freiheit erfülle, erfülle die der Gesellschaft. Daß der Kracauer-Schüler und Kritiker des selbstherrlichen Geistes, der sich autonom dünkenden ratio, sich unter dem Prozeß der Rationalisierung etwas anderes vorstellen mußte als Max Weber, etwas anderes als bloß die Ablösung traditionsgebundener, selbstverständlicher, unbewußter Verfahrensweisen durch bewußte, kalkulierte, zweckrationale, war klar. Aber was das war, zeichnete sich Ende der zwanziger, Anfang der dreißiger Jahre erst auf merkwürdige Art ab in Sätzen wie diesen: „Die Rationalität der Zwölftontechnik ist nicht die schlechte und leere des praktikablen Systems. Sondern sie bezeichnet eine geschichtliche Stufe, auf der das Bewußtsein das Naturmaterial in die Gewalt nimmt, seinen dumpfen Zwang tilgt, ordnend benennt und erhellt ganz und gar." („Zur Zwölftontechnik", in: Adorno/Krenek, *Briefwechsel*, 173) Und: „Alle musikalischen Mittel: Harmonik, Melodik, Kontrapunkt, Rhythmus, Form, selbst Instrumentation wären dem Konstruktionsprinzip zu unterstellen; konstruktionsfeindliche, gleichsam blinde Prinzipien wie die Tonalität wären auszuschließen, und die Echtheit der Natur hätte gerade daran sich zu bewähren, daß sie die Konstruktion trüge und in sie einginge, anstatt ideologisch sich gegen die Konstruktion auszuspielen." (Krenek/Adorno, „Arbeitsprobleme des Komponisten", *a.a.O.*, 193) In einer noch recht gewalttätig klingenden Sprache wurde hier die Art von Fortschritt umrissen, die für Adorno die wahre war: durch Schärfung der Rationalität voran zur Natur.

2. Fortschritt in der Musik und die Idee einer musique informelle

Im Schönberg-Teil der *Philosophie der neuen Musik* – „Schönberg und der Fortschritt" –, der im wesentlichen 1941 vor dem Beginn der Arbeit an der *Dialektik der Aufklärung* fertig war, sah Adorno zum erstenmal in der Zwölftontechnik nicht mehr die Formulierung der Resultate des Prozesses der Entmythologisierung des Materials und damit die Klärung der materialen Voraussetzungen eines frei atonalen Komponierens, eines Musikstils der Freiheit. Vielmehr betrachtete er sie nun als einen Fortschritt, der um die Früchte der Emanzipation des Materials betrog. Die freie Atonalität, an der Adorno in seiner kompositorischen Praxis stets festhielt, obwohl sie bereits zur Zeit seines Kompositionsstudiums bei Alban Berg als mehr oder weniger überwunden galt, wurde nun zum Gegenmodell der auf der Zwölftontechnik beruhenden Musik.

Abbildung 5: Manuskript von Adornos Vertonung von Bertolt Brechts Gedicht „Deutschland". Aus dem im Juni 1943 in Los Angeles entstandenen zweiteiligen Zyklus „Zwei Propagandagedichte von Brecht".

Als eigentlichen Gegner behielt Adorno dabei stets „Strawinsky und die Restauration" – so die Überschrift des zweiten Teils der *Philosophie der neuen Musik* – im Auge. In seiner Einschätzung der Rolle der Zwölftontechnik aber war er fortan schwankend. Nachdem er sie in der *Philosophie der neuen Musik* zunächst vernichtend kritisiert hatte, gestand er ihr anschließend zu, in ihr könnten in der heraufziehenden Zeit der Barbarei vielleicht die errungenen technischen Maßstäbe überwintern und eines Tages könne dann von ihr aus doch noch das Reich der Freiheit betreten werden. Er schwankte – in der *Philosophie der neuen Musik* wie späterhin – zwischen der Annahme, die Zwölftontechnik sei das Ergebnis einer innermusikalisch notwendigen Entwicklung, habe sogar bei ihren radikalen seriellen Fortsetzern den Entmythologisierungsprozeß in sinnvoller Weise noch ein Stück weitergetrieben (vgl. „Vers une musique informelle", in: *Ges. Schr.* 16, 499, 504), und der Meinung, durch die Zwölftontechnik habe Schönberg den Fortschritt in der Musik zum Musikstil der Freiheit gebremst oder unterbrochen, und zwar aus eher soziologischen und ideologischen Gründen (vgl. *a.a.O.*, 497f.). Insgesamt war Adornos Blick auf die Geschichte der Musik – wobei sein Blick in der Regel auf die Musikentwicklung seit dem 18. Jahrhundert beschränkt war – ein optimistischerer als der auf die Geschichte der menschlichen Gesellschaft. Während er seit den späten 30er, frühen 40er Jahren den Liberalismus als eine hoffnungsvolle, kurze Unterbrechung des weltgeschichtlichen Verhängnisses betrachtete, war er geneigt, im Musikstil der Freiheit etwas zu sehen, was nicht zu Zeiten der freien Atonalität eine verhängnisvolle Musikgeschichte bloß unterbrochen hatte, sondern worauf die Entwicklung der bürgerlichen großen Musik auch hinzielte. Wie diese unterschiedlichen Perspektiven mit der Konzeption einer fensterlosen Korrespondenz zwischen Musik und Gesellschaft in Einklang zu bringen waren, blieb ungeklärt.

Frei atonales Komponieren und zwölftontechnisches Komponieren miteinander konfrontierend kennzeichnete Adorno im Schönberg-Teil der *Philosophie der neuen Musik* zum erstenmal genauer seine Vorstellung von wirklich avancierter Musik und Kunst überhaupt, wie sie fortan für ihn verbindlich blieb. Der avancierte Komponist war der wahrhaft konsequent fortgeschrittene, indem er die Erfahrungen, die zum Abbau der überlieferten Konventionen trieben, nicht in einem System neuer Regeln fixierte, sondern seine von Konventionen befreite Erfahrungsfähigkeit lebendig hielt und sich fortan auf die „Spontaneität des kritischen Ohrs" (*Philosophie der neuen Musik,* 110) verließ. „Wohl ist unter den Regeln der Zwölftontechnik keine, die nicht aus der kompositorischen Erfahrung, aus der fortschreitenden Erhellung des musikalischen Naturmaterials notwendig hervorginge. Aber jene Erfahrung hatte den Charakter der Abwehr kraft subjektiver Sensibilität: daß kein Ton wiederkehre, ehe die Musik alle anderen ergriffen hat; daß keine Note erscheine, die nicht in der Konstruktion des Ganzen ihre motivische Funktion erfüllt; daß keine Harmonie verwendet werde, die nicht eindeutig an dieser Stelle sich ausweist. Die Wahrheit all dieser Desiderate ruht in ihrer unablässigen Konfrontation mit der konkreten Gestalt der Musik, auf die sie angewandt werden. Sie besagen, wovor man sich zu hüten habe, nicht aber wie es zu halten sei. Das Unheil geschieht, sobald sie zu Normen erhoben und von jener Konfrontation dispensiert werden." (68; s. a. o. S. 58)

Der lebendig erfahrende Komponist nahm wahr, was sich dem, der sich an ein System hielt, entging. Er konnte sich auf die „ungezähmten Klänge" (102) einlassen, unterdrückte nicht – so Adorno in Übernahme eines Schönbergschen Ausdrucks – das „Triebleben der Klänge" (82), entband vielmehr deren „anarchisches Zueinanderwollen" (83). Von keinem System eingeschränkte Differenziertheit brachte zu Gehör, was als von keinem System Erfaßtes barbarisch klang. Von der Dissonanz – deren Emanzipation nach einem Ausspruch Schönbergs im Zentrum der Musikentwicklung stand – meinte Adorno: sie sei nicht nur gegenüber der Konsonanz differenzierter und fortgeschrittener, sondern klinge zugleich auch, als habe das zivilisatorische Ordnungsprinzip sie nicht ganz gebändigt, als sei sie älter als die Tonalität.

Was es hieß, „lose gleichsam das Diffuse" zu verbinden, das

musikalische Material zu formen im Sinne einer „Proportion des Auseinanderstrebenden", versuchte Adorno in seiner großen, auf einen Vortrag bei den Darmstädter Internationalen Ferienkursen für Neue Musik zurückgehenden programmatischen Abhandlung *Vers une musique informelle* (1963) am Beispiel von Schönbergs *Erwartung,* einem Monodram aus dessen frei atonaler Periode, zu verdeutlichen. In ihm, so meinte er, war der Geist motivisch-thematischer Arbeit gleichsam aufgehoben. Relativ selbständige Teilkomplexe wurden in einen Zusammenhang gebracht, der zwingend erschien, ohne daß generell Motivgleichheiten und -variationen nachweisbar waren. „Die Impulse und Relationen solcher Musik setzen nicht ein schon Vorgeordnetes, Übergeordnetes voraus, nicht einmal ein Prinzip wie das thematische, sondern produzieren den Zusammenhang von sich aus. Insofern sind sie die Abkömmlinge von Themen, obwohl solche nicht oder nur rudimentär verarbeitet, niemals in Abständen wiederholt werden." (*Ges. Schr.* 16, 515f.)

Über die in Werken dieser Art erreichte Stufe gewaltloser Gestaltung mußte aber, so meinte Adorno, noch hinausgegangen werden. Inzwischen sei die Materialbeherrschung weiter fortgeschritten, das musikalische Material noch weiter von Überkommenem gereinigt worden. Noch mehr müßten sich die technischen Produktivkräfte des Komponisten zur immanenten Funktion des Materials machen. Wie, so formulierte Adorno die damit aktuell gewordene Frage, mußte „eine Musik beschaffen sein ..., deren konkrete Momente, monadische Zellen zueinander oder gegeneinander sich bewegen, ohne am ausgeschiedenen Rückstand organischer Idiomatik sich anzustecken" *a.a.O.,* 530)? Auf die zugespitzte Frage gab er seine alte Antwort, die seit den dreißiger Jahren zu seinen Leitideen gehörte und die die metaphorisch-dialektische Paraphrase eines altehrwürdigen Topos des Selbstverständnisses von Künstlern darstellte. „In einer *musique informelle* wären die heute entstellten Momente der Rationalisierung positiv aufzuheben. Das künstlerisch gänzlich Artikulierte allein ist das Bild eines Unverstümmelten und damit der Freiheit. Das durch äußerste Materialbeherrschung durchartikulierte Kunstwerk, das vermöge jener Beherrschung dem organischen bloßen Dasein am weitesten entläuft, ist wiederum auch dem Organischen am nächsten ... Materialbeherrschung ... muß, als Reflexion des komponierenden Ohrs, selbstkritisch sich steigern, bis sie nicht länger einem heterogenen Stoff widerfährt. Sie muß zu einer Reaktionsform jenes kompositorischen Ohrs werden, das passiv gleichsam die Tendenz des Materials sich zueignet." (a.a.O., 537) Kurz: mehr noch als für die klassische Skulptur sollte für avancierte Kunst gelten: sie entband die dem Material innewohnenden Gestalten.

Wenn ein solcher äußerster Fortschritt in der „aktiven Rezeptivität" des Komponisten, in der Versöhnung von musikalisch Allgemeinem und Besonderem in der Musik an der Zeit war – was besagte das für den Zustand der gesellschaftlichen Entwicklung und das Verhältnis zwischen ihr und der Musik? Würde denn eine musique informelle in die verwaltete Welt passen? Korrespondierte die von Adorno kritisierte, sinnleere organisierte Musik der Zwölftontechnik nicht genau mit der verwalteten Welt autoritätsgebundener Subjekte? Adorno selber hatte in der *Philosophie der neuen Musik* gemeint, die großen Momente des späten Schönberg seien ebensosehr durch wie gegen die Zwölftontechnik gewonnen. „Durch sie: weil die Musik befähigt wird, so kalt und unerbittlich sich zu verhalten, wie es ihr nach dem Untergang einzig noch zukommt. Gegen die Zwölftontechnik: weil der Geist, der sie ersann, seiner selbst mächtig genug bleibt, um noch das Gefüge ihrer Stangen, Schrauben und Gewinde je und je zu durchfahren und aufleuchten zu machen, als wäre er bereit, am Ende doch das technische Kunstwerk katastrophisch zu zerstören." (69) Das war eine Ehrenrettung für den genialen Schönberg, der nicht Zwölftonmusik komponierte, sondern, wie Schönberg es selber auszudrücken pflegte, mit der Zwölftontechnik komponierte. Adornos pointierte metaphorische Physiognomik des Schönbergschen Spätstils entsprach zugleich seiner Charakterisierung großer Spätwerke überhaupt (vgl. „Spätstil Beethovens", in: *Moments musicaux*). War nicht das die Musik, die fällig war?

3. Doppelfunktion der Kunstwerke

Geschichtsphilosophie der Kunst hieß für Adorno: aus dem Kunstwerk, dieser „geschichtsphilosophischen Sonnenuhr" (*Ges. Schr.* 11, 60, 314), den geschichtlichen Stand des Geistes herauszulesen. Dieser Geist sollte der Gesellschaft und der Kunst gemeinsam sein (s. o. S. 103 f.). Andererseits aber betrachtete Adorno die Geschichte der menschlichen Gesellschaft als einen Fortschritt im Zeichen naturverfallener Naturbeherrschung, während er für die Entwicklung der Musik eine Entwicklung im Zeichen der Versöhnung von musikalisch Allgemeinem und Besonderem, Ganzem und Teilen annahm – mochte diese Entwicklung auch eine diskontinuierliche und auf die bürgerliche Epoche seit dem 18. Jahrhundert beschränkte sein. An der Kunst, die immer schon das bloße Dasein transzendiert und nach Adornos Ansicht eine ästhetische, Zivilisation revidierende Verhaltensweise repräsentiert hatte, mußte sich also zweierlei ablesen lassen: der Stand naturbeherrschenden Geistes und der Stand auf Versöhnung zielenden Geistes. (Was Adorno im Zusammenhang gesellschaftlich-historischer Konzeptionen nicht anzunehmen bereit war, wurde von ihm im Zusammenhang einer Geschichtsphilosophie der Kunst unterstellt. Es gebe, meinte er in seiner *Rede über Lyrik und Gesellschaft*, „objektive Kräfte, welche einen beengten und beengenden gesellschaftlichen Zustand über sich hinaus treiben zu einem menschenwürdigen hin; Kräfte also einer Gesamtverfassung, keineswegs bloß der starren Individualität, die der Gesellschaft blind opponiert". Gerade wo er von Schönbergs Liedkompositionen, von Georges Lyrik sprach, erwähnte er die kollektiven Gehalte von Musik, den kollektiven Unterstrom, der alle individuelle Lyrik grundiere.)

Was moderne Kunstwerke von älteren nach allgemeiner und auch nach Adornos Ansicht unterschied, war das Verstörende und selber Verstörte an ihnen, das betont Unharmonische, Dissoziierte. „Die Male der Zerrüttung sind das Echtheitssiegel der Moderne." (*Ästhetische Theorie*, 41) Dachte man an Adornos

Idee einer *musique informelle*, so lag der Gedanke nahe: Die Male der Zerrüttung sind Indiz für den von Adorno an Hand der Musikentwicklung rekonstruierten Prozeß der Entmächtigung des herrschaftlichen Allgemeinen im Kunstwerk, der Herstellung einer Versöhnung von Allgemeinem und Besonderem, die in eine lose Verbindung des Diffusen, eine „gewaltlose Synthesis des Zerstreuten, die es bewahrt als das, was es ist" (*a. a. O.*, 26), einmündet. Der nach wie vor von naturverfallener Naturbeherrschung bestimmten Gesellschaft erscheinen solche Kunstwerke, die immer deutlicher das Gegenmodell zur Verfassung der Gesellschaft verkörpern, als bloße Zerstörung der Herrschaft des Allgemeinen über das Besondere, als zerrüttet eben. Der Gesellschaft mißfallen sie, weil diese als Ideal höchstens die Verherrlichung der Herrschaft des Allgemeinen über das Besondere in Form klassischer Harmonievorstellungen akzeptiert. Im schlimmeren Fall lassen sie die Gesellschaft gleichgültig, bleiben sie ohne Publikum.

Aber hatte Adorno nicht gemeint, die emanzipierten Dissonanzen, die das Publikum schreckten, redeten von dessen eigenem Zustand und seien ihm einzig darum unerträglich? Waren die Male der Zerrüttung an modernen Kunstwerken also der Ausdruck unerträglicher Zustände? In der Tat war in Adornos Augen für Kunst nicht nur konstitutiv, daß sie das überwältigende Bild eines Nichtseienden, der Versöhnung von Allgemeinem und Besonderem bot, sondern ebenso – und das sollte besonders für die moderne Kunst gelten –, daß sie das unversöhnliche Bild des Seienden, des gesellschaftlichen Mißlingens der Versöhnung von Allgemeinem und Besonderem, Gesellschaft und Individuum präsentierte. Die Doppelfunktion der Kunst war: zu sagen, wie es ist – *Comment c'est* hieß ein von Adorno in diesem Zusammenhang gern zitierter Titel eines Beckett-Textes –, und zu sagen, wie es sein könnte und müßte – vom Kunstwerk als *promesse du bonheur* sprach Adorno mit einem Ausdruck Stendhals. Leid und Traum sollten sich in ihm vermählen. („So ist die Welt und müßt nicht so sein!" sagt der Koch in Brechts *Mutter Courage und ihre Kinder*.)

In den Malen der Zerrüttung waren aber die beiden Aufgaben

der Kunst nicht ineins erfüllt. Sah man in jenen Malen wirklich das Indiz für die Versöhnung von Allgemeinem und Besonderem im Kunstwerk, wie konnte dann diese Versöhnung zugleich die Unterdrückung des Besonderen in der antagonistischen bzw. verwalteten Gesellschaft repräsentieren? Hinzu kam folgendes. Die Realität, deren unversöhntes Bild moderne Kunst sein sollte, wurde von Adorno als antagonistische Gesellschaft, aber auch als vergesellschaftete Gesellschaft charakterisiert, also einerseits als etwas Zerrissenes, Widersprüchliches, andererseits als etwas Vereinheitlichtes, total Organisiertes. Der in der verwalteten Welt zunehmend an Bedeutung gewinnende Aspekt war die totale Organisation. Sie konnte ihre Korrespondenz im Kunstwerk kaum in Malen der Zerrüttung, der Entformung finden. Es blieb also die Frage: Wie konnte das moderne Kunstwerk zugleich versöhnlicher und unversöhnlicher sein als das traditionelle? Wie konnte es zugleich so hart sein wie das Seiende und so gewaltlos wie das Nichtseiende? Wie vermochte das in seiner Subjektivität entwickeltere künstlerische Subjekt der Moderne zugleich differenzierter seinen Traum und bitterer die Wirklichkeit im Kunstwerk zu repräsentieren?

Eine die Verschränkung beider Momente im einzelnen Kunstwerk aufzeigende Analyse gab es bei Adorno nicht. Das wurde vielleicht dadurch erleichtert, daß er zum Ausgangspunkt seiner Überlegungen nicht exemplarische Analysen moderner Kunstwerke machte, die mehr oder weniger seinen Vorstellungen von avancierter, also zugleich informeller und unversöhnter Kunst entsprachen. An der *Philosophie der neuen Musik* hatte er später selber kritisiert, darin sei er dem eigenen Prinzip nicht streng genug gefolgt. Statt sich stets und überall der Erfahrung der Werke ohne Vorbehalt zu überlassen, habe er in gewissen Abschnitten das Material als solches und seine Bewegung, vor allem die Zwölftontechnik, unabhängig von seiner Kristallisation in den Werken selber, abstrakt behandelt („Über das gegenwärtige Verhältnis von Philosophie und Musik", in: *Ges. Schr.* 18, 165). Ähnliches ließ sich kritisch über die *Ästhetische Theorie* sagen. Das darin Gesagte stützte sich auch nicht auf in einzelnen Essays geleistete Analysen.

Adorno thematisierte das Problem der Kombination beider Momente, indem er in allgemeinen Formulierungen eine aporetische Situation auf den Begriff zu bringen suchte. So hieß es in einer charakteristischen Passage der *Ästhetischen Theorie:* „Die ästhetische Einheit des Mannigfaltigen erscheint, als hätte sie diesem keine Gewalt angetan, sondern wäre aus dem Mannigfaltigen selbst erraten. ... In den Kunstwerken ist der Geist nicht länger der alte Feind der Natur. Er sänftigt sich zum Versöhnenden. ... Dadurch daß Kunst ihrer eigenen Identität mit sich folgt, macht sie dem Nichtidentischen sich gleich: das ist die gegenwärtige Stufe ihres mimetischen Wesens. Versöhnung als Verhaltensweise des Kunstwerks wird heute gerade dort geübt, wo die Kunst der Idee von Versöhnung absagt, in Werken, deren Form ihnen Unerbittlichkeit diktiert." (*Ästhetische Theorie,* 202) Er sagte also: in den heutigen Kunstwerken hat sich der Geist mit Natur versöhnt – um dann umspringend zu behaupten: Versöhnung mit Natur gibt es heute nur in Kunstwerken, die unversöhnt mit Natur sind. Aber es gab ja die Kunstwerke, von denen Adorno meinte, sie vereinigten ein Mehr an Gewaltlosigkeit mit einem Mehr an Unerbittlichkeit. Die Aporie schien sich in der Form, wie er sie sah, nur zu ergeben, wenn man an der Stelle, wo er vom avancierten Kunstwerk sprach, an traditionelle affirmative Kunstwerke dachte, die durch den Schein von Harmonie über die unharmonische Realität hinwegtrösteten. Aber war die Ideologiekritik an affirmativer Kunst auf Kunstwerke übertragbar, die tendenziell Adornos Konzeption einer musique informelle entsprachen? Da das informelle Kunstwerk nicht dem traditionellen Harmonieideal entsprach, nach traditionellen Maßstäben also zerrüttet war – wie sollte es seine Unerbittlichkeit ausdrücken? Durch weitere Zerrüttung? Durch Wiederherstellung strengerer Organisiertheit?

Dem eigentlichen Problem näher kamen Passagen, in denen es um die Rolle der Dissonanz ging. Das noch vor Adornos Übersiedlung in die USA entstandene Wagner-Buch enthielt eine Überlegung, in der gewissermaßen Adornos Urbild der Dissonanz zutage trat. „Der charakteristische Akkord etwa, dessen allegorische Beschriftung die Worte: ‚Lenzes Gebot, die süße Not' bringt und der in den Meistersingern das Moment des erotischen Drangs und damit das Agens schlechthin repräsentiert, kündet vom Leiden an der Unerfülltheit ebenso wie von der Lust, die in der Spannung, dem Unerfüllten selber liegt: er ist süß und Not zugleich. Diese Zwischenschicht des Ausdrucks, recht eigentlich die musikalische Moderne des neunzehnten Jahrhunderts existierte nicht vor Wagner. Daß Leiden süß sein kann, daß die Gegensätze von Lust und Unlust nicht starr einander gegenüberstehen, sondern vermittelt sind, haben die Komponisten und Zuhörer einzig von ihm gelernt, und diese Erfahrung allein hat es dann der Dissonanz ermöglicht, über die gesamte Musiksprache sich auszubreiten." (*Versuch über Wagner*, 69 f.)

In späteren Arbeiten, die „nach dem Untergang", nach Auschwitz geschrieben waren, gab Adorno flüchtige Hinweise auf eine Erklärung für den Zusammenfall von Glück und Schrecken in der Dissonanz, dafür, daß die Dissonanz sowohl dem lockend Sinnlichen wie den Schrecken der Gesellschaft Einlaß ins Kunstwerk gewährte. „Die Dissonanz, Signum aller Moderne, gewährt, auch in ihren optischen Äquivalenten, dem lockend Sinnlichen Einlaß, indem sie es in seine Antithese, den Schmerz transfiguriert: ästhetisches Urphänomen von Ambivalenz. Die unabsehbare Tragweite alles Dissonanten für die neue Kunst seit Baudelaire und dem Tristan – wahrhaft eine Art Invariante der Moderne – rührt daher, daß darin das immanente Kräftespiel des Kunstwerks mit der parallel zu seiner Autonomie an Macht über das Subjekt ansteigenden auswendigen Realität konvergiert." (*Ästhetische Theorie*, 29 f.) Und: „Daß die finstersten Momente der Kunst etwas wie Lust bereiten sollen, ist nichts anderes, als daß Kunst und ein richtiges Bewußtsein von ihr Glück einzig noch in der Fähigkeit des Standhaltens finden. Dies Glück strahlt von innen her in die sinnliche Erscheinung. ... Mehr Lust ist bei der Dissonanz als bei der Konsonanz ... Das Schneidende wird, dynamisch geschärft, in sich und vom Einerlei des Affirmativen unterschieden, zum Reiz; und dieser Reiz kaum weniger als der Ekel vorm positiven

Schwachsinn geleitet die neue Kunst in ein Niemandsland, stellvertretend für die bewohnbare Erde." *(a. a. O.,* 66 f.) Es blieb offen, ob Adorno meinte, die gleiche Dissonanz repräsentiere sowohl den Schrecken der Gesellschaft wie das Glück des Unerfaßten, oder ob er meinte, das moderne künstlerische Subjekt habe zugleich die Kraft gewonnen, den Schrecken der Gesellschaft ins Auge zu sehen, und die Kraft, sich auf ungezähmte Klänge einzulassen, und vermöge beidem in seinen Werken Ausdruck zu verleihen, ohne daß die Mittel dazu die gleichen waren.

4. Prohibitive Schwierigkeiten avancierter Künstler

Obwohl Adorno sich dessen sicher zu sein schien, was an der Zeit war, nämlich eine informelle Kunst, blieb seine Kritik an Strawinsky und den Neoklassizisten, an den Reihen-Ingenieuren und Materialfetischisten blaß – so blaß wie sein Entwurf einer musique informelle im Hinblick auf das eine der beiden zentralen Momente moderner Kunst, das unbeschönigte So ist es. Für den, der die Ansicht vertrat, Versöhnung werde heute gerade dort geübt, wo die Kunst der Idee von Versöhnung absage, ergab sich das Problem, wie zu unterscheiden war zwischen einem hinnehmenden oder bestätigenden und einem unversöhnlichen, bitteren So ist es. In einem Aufsatz über Strawinsky machte Adorno, den Kritikern seiner Strawinsky-Kritik in der *Philosophie der neuen Musik* auf die Sprünge helfend, selber erst einmal Strawinskys Position stark: „Höhere Kritik hätte zu erwägen, ob nicht Kunst, die so sehr Chiffrenschrift des Geistes ihrer Epoche ist wie die Strawinskys, durch ihr Comment c'est größeren Anteil gewinnt an der Wahrheit als Gebilde, die ein an sich Wahres verkörpern wollen, das die geschichtliche Stunde verwehrt und das, kraft der Geschichte, in sich selbst dubios geworden ist." („Strawinsky", in: *Ges. Schr.* 16, 385) Stand nicht Strawinsky in der Musik für das, was seit Flaubert zum Faszinierenden großer Literatur gehörte: das konsequente So ist es, das eindringlicher und anklagender war als die offene Klage? Ähnlich ließe sich zugunsten der Reihen-Ingenieure und der Materialfetischisten sagen, daß sie die Realität der total organisierten und das Individuum liquidierenden Gesellschaft unbeschönigt repräsentierten. Was Adorno dem entgegenhielt, waren innermusikalische Erwägungen. Musik sei eine Zeitkunst und, indem sie anhebe, bereits verpflichtet weiterzugehen, ein Neues zu werden, sich zu entwickeln, sich zu transzendieren, das Andere zu verheißen. Sie sei etwas Werdendes, und zum Werden bedürfe es des Eingriffs des Subjekts, des einzigen Moments von Leben, das in die Kunst hineinrage.

Die beiden Funktionen der Kunst schienen damit verteilt auf die von Adorno kritisierten spannungslosen und sinnleeren Werke, die die Realität differenzlos verdoppelten und die Idee der Versöhnung verrieten, und auf solche Werke, die Adornos Konzeption einer informellen Kunst entsprachen, in der von unversöhnter Wiedergabe der Realität keine Rede war. Im Hinblick auf die jüngste Moderne war Adorno tatsächlich ratlos. Was er ihr als konkret gelungen vor Augen zu stellen vermochte, waren Werke, von denen er selber meinte, sie zehrten noch vom Kontrast zu einer Kunst, von der bestimmten Negation einer Kunst, die für die Jüngeren unter den avancierten Zeitgenossen keine Herausforderung mehr darstellte. Beckett und Celan, die nach Schönbergs Tod die einzigen unter den zu seiner Zeit lebenden und produzierenden Künstlern waren, die er vorbehaltlos anerkannte, hatten eine Entwicklung im Zeichen der Auseinandersetzung mit einer Kunst hinter sich, deren Material noch nicht von allen Konventionen gereinigt war. In Becketts *Endspiel*, dem Adorno einen seiner großen Aufsätze zur Literatur gewidmet hatte, ging noch der Vorhang auf – Hamm nahm sein Taschentuch vom Gesicht. Parodisch waltete noch die Einheit von Ort, Zeit und Handlung. Es gab noch den großen Monolog – eine Folge stockender, hohl klingender Andeutungen. Das Stück war auf die Katastrophe hin angelegt, die nicht eintrat. ,,Durch konsequente Negation des Sinns", formulierte Adorno im Hinblick auf das Beispiel Beckett, ,,gibt sie (Kunst heute, R. W.) den Postulaten das Ihre, die einmal den der Werke konstituierten. Die sinnlosen oder sinnfremden Werke des obersten Formniveaus sind darum mehr als bloß sinnlos, weil ihnen Gehalt in der Negation des Sinns zuwächst. Das konsequent Sinn negierende Werk ist durch solche Konsequenz zu derselben Dichte und Einheit verpflichtet, die einst den Sinn vergegenwärtigen sollte". (*Ästhetische Theorie*, 230f.)

Becketts *L'innommable (Der Namenlose)* hatte mit den Worten aufgehört: „im Schweigen weiß man nicht, man muß weitermachen, ich werde weitermachen". Beckett machte weiter – mit Stücken und Texten, in denen, ohne daß je die diskursive Bedeutung der Wörter ganz zerstört wurde, der Zusammenhang zwischen den immer kahleren Wortgruppen immer mehr durch die klangliche Organisation, durch Leitmotive, Wiederholungen, Analogien, Echobildungen, und in den Stücken durch Gestisches und Pantomimisches hergestellt wurde. Das *Endspiel* z. B. war musikhaft komponiert: über zwei Themen wie vormals Doppelfugen, wie Adorno meinte. Das erste Thema, von Hamm angestimmt, war, daß es zu Ende ging. Das zweite Thema, Clov zugeordnet, bestand im Sichsträuben des Ohnmächtigen gegen seine Abschaffung (vgl. „Versuch, das Endspiel zu verstehen", in: *Ges. Schr.* 11, 315). In Becketts musikhaft komponierten Negativen der verwalteten Welt schienen also Comment c'est und promesse du bonheur vorbildlich kombiniert.

Den jüngeren Zeitgenossen aber konnte Adorno weder Beckett noch andere Moderne als Vorbilder hinstellen, an deren spannungs- und sinnvollen Werken sie sich ein Beispiel hätten nehmen können. Das, woran jene sich gerieben, was sie negiert hatten, war aufgebraucht, war gänzlich obsolet und unmöglich geworden. Noch ihre Negationen tradierten Sinns erschienen als der Tradition verpflichtete, oktroyierte Strukturierungen des Materials. Für die jüngste Entwicklung der Kunst konstatierte Adorno: die Materialbeherrschung war fortgeschritten – unvermeidlicher- und begrüßenswerterweise, wie er meinte –, ohne daß auch von einem Fortschritt des Komponierten, Gemalten, Gedichteten die Rede sein konnte. Als qualitativ Neues diagnostizierte er: aus Allergie gegen Harmonisierungen suchten die Künstler sie sogar als negierte zu beseitigen – um den

Preis, daß so vieles, was in den Jahrzehnten nach dem Zweiten Weltkrieg entstand, spannungslos und substanzlos wirkte. „Das sensuelle Tabu greift am Ende noch auf das Gegenteil des Wohlgefälligen über, weil es, sei es auch aus äußerster Ferne, in seiner spezifischen Negation mitgefühlt wird. Für eine solche Reaktionsform drängt die Dissonanz allzunahe an ihr Widerspiel, Versöhnung, sich heran; sie macht sich spröd gegen einen Schein des Menschlichen, der Ideologie der Unmenschlichkeit ist, und schlägt sich lieber auf die Seite verdinglichten Bewußtseins. Dissonanz erkaltet zum indifferenten Material; zwar einer neuen Gestalt von Unmittelbarkeit, ohne Erinnerungsspur dessen, woraus sie wurde, dafür aber taub und qualitätslos." (*Ästhetische Theorie*, 30)

Wenn aber die von Adorno für notwendig erklärte und begrüßte weitergehende Reinigung des künstlerischen Materials von Rückständen des Gewesenen nicht die Freiheit der Kunst zum Objekt, die Kraft zum Durchbrechen des „mimetischen Tabus", das Vermögen zur Zueignung des Verfemten und Verbotenen gesteigert hatte, warum hielt er dann gleichwohl daran fest, daß nur auf dieser Linie die Befolgung des Gebots möglich sei, man müsse absolut modern sein, müsse das Neue suchen? Woher nahm er z. B. die Gewißheit, daß nur noch gegenstandslose Malerei möglich sei; daß die Tatsache, daß radikal abstrakte Bilder ohne Ärgernis in Repräsentationsräumen aufgehängt werden konnten, keine Restauration von Gegenständlichkeit rechtfertige; daß Gegenständlichkeit a priori behage, auch wenn das Objekt Che Guevara sei? War denn Gegenständlichkeit wirlich a priori behaglich? War sie nicht oft genug unbehaglich gewesen? Kamen denn Unterschiede in der gegenständlichen Malerei nur durch unterschiedliche Gegenstände zustande? Adorno meinte selber: „Nicht ist generell zu unterscheiden, ob einer, der mit allem Ausdruck tabula rasa macht, Lautsprecher verdinglichten Bewußtseins ist oder der sprachlose, ausdruckslose Ausdruck, der jenes denunziert." (179) Aber was war es, das die Unterscheidung im Einzelfall möglich machte? Doch genau jene Differenz zur vollendeten Mimesis an die Verdinglichung, deretwegen Adorno Beckett und Celan schätzte. Der

Fortschritt der Kunst spielte sich offenbar nicht gemäß der Formel ab: Das geht nicht mehr, sondern gemäß der Formel: Das geht so nicht mehr. Entscheidend war, ob den Werken die Objektivierung geschichtsphilosophisch relevanter gesellschaftlicher Erfahrungen gelang. Von Bach hatte Adorno selber, ähnlich wie von Schönberg, gemeint, er habe sich an keine der objektiv verfügbaren Verfahrensweisen der Epoche substantiell gebunden gesehen, sondern jeweils die ergriffen, „welche der kompositorischen Intention am genauesten sich anmißt". „Solche Freiheit zum Altertümlichen kann aber unmöglich als Vollendung der Tradition aufgefaßt werden, die gerade den disponierenden Blick über die Möglichkeiten verwehren müßte. Noch weniger ließe der Sinn des Bachischen Rückgriffs als restaurativ sich ansprechen. Denn die archaisch getönten Stücke sind oft genug gerade die kühnsten, nicht nur was die kontrapunktische Kombinatorik anlangt, ... sondern auch mit Rücksicht auf das Avancierte der Wirkung." („Bach gegen seine Liebhaber verteidigt", in: *Prismen*, 139) Wollte sich das Reden von einem Fortschritt in der Kunst nicht von vornherein auf die Richtung eines Stumm- und Kalt- und Gleichgültigkeitwerdens und schließlichen Sich-selbst-Durchstreichens der Kunst festlegen, dann mußte die Möglichkeit des Fortschritts breiter gesehen werden, offener für die Beschaffenheit alles dessen, was in der Kunst angesichts gegenwärtiger Verhältnisse standhielt.

5. Glücksversprechen der Kunst

Im Widerstreit von Adornos Fortschrittskonzeption einerseits, seiner Konzeption spannungs- und gehaltvoller Werke andererseits traten zwei durchgängige Motive seines Denkens zutage: das Motiv einer intermittierenden und das einer vollendeten Dialektik. Im ersten Fall wurde ein unaufhebbares Moment des Heterogenen unterstellt, im zweiten angenommen, daß dank aktiver Rezeptivität das Subjekt das Objekt dahin geleiten könne, wohin dieses von sich aus wolle. Bei beiden Motiven konnte man sich vorstellen, daß Adorno sie bei seinen philosophischen

Freunden formuliert gefunden hatte, sie aber für ihn bedeutsam wurden, weil sie für ihn eine musikalische Erfahrung formulieren halfen: ihn beeindruckten sowohl die völlig durchartikulierten wie die von Ungebändigtem durchbrochenen Werke der Schönbergschule. Von der musique informelle meinte er sowohl, sie dürfe nicht des abstrusen und barbarischen Elements entraten, als auch, sie müsse gänzlich durchartikuliert sein und zu einer sich die Tendenz des Materials in aktiver Passivität zueignenden Reaktionsform des kompositorischen Ohrs werden. So emphatisch er auf der einen Seite die „schöne Fremde" und den in der Vorstellung einer intermittierenden Dialektik berücksichtigten Einbruch des Heterogenen betonte – stärker noch war die Vorstellung einer Versöhnung mit Natur durch deren Rationalisierung und Durchartikulierung vermittels eines sich ihr hingebenden Subjekts.

Bis in die dreißiger Jahre hinein hatte Adorno der orthodox marxistischen Überzeugung angehangen, eine der notwendigen Voraussetzungen für eine bessere Gesellschaft sei die Entfesselung der Produktivkräfte und ein ungehemmter Fortschritt in der Naturbeherrschung. Was er für die Musik als Ideal formulierte: „eine geschichtliche Stufe, auf der das Bewußtsein das Naturmaterial in die Gewalt nimmt, seinen dumpfen Zwang tilgt, ordnend benennt und erhellt ganz und gar" („Zur Zwölftontechnik", in: Adorno/Krenek, *Briefwechsel*, 173) – das machte seinerzeit auch sein Ideal für die gesellschaftliche Entwicklung aus, ungeachtet der Kritik an Immanenzdenken und selbstherrlichem Geist. Für den Bereich der Musik hielt er im Prinzip an jener Konzeption fest, die für ihn dann immer ausdrücklicher die Vorstellung einschloß, vollkommene Beherrschung des Materials tue diesem keine Gewalt an, sei ihm nicht auferlegt, sondern befreie seine Qualitäten. Er zögerte jedoch, prinzipiell Analoges für den Bereich der Gesellschaft zu unterstellen. Die Vorstellung vollendeter gesellschaftlicher Naturbeherrschung als Voraussetzung für einen versöhnten Umgang mit Natur stand neben der Vorstellung von einer sanften Technik und neben der Vorstellung, angesichts des die Erde vergewaltigenden Fortschritts dränge sich der Gedanke auf, „was diesseits des Trends liege und vor ihm, sei in seiner Zurückgebliebenheit humaner und besser" (*Ästhetische Theorie*, 102). Durch den Primat der Technik voran zur Natur – das mochte er der Gesellschaft nicht ebenso entschieden als Maßstab vorhalten wie der Kunst. Das mochte er aber auch nicht als Maßstab für avancierte Kunst prinzipiell in Frage stellen.

Es war die Vorstellung eines Voran zur Natur, die Adorno weitgehend unbeirrt eine Konzeption des Fortschritts in der modernen Kunst verfechten ließ, in der die Reinigung von Überkommenem und Spannung Ermöglichendem Vorrang vor Qualität und Gehalt der Werke hatte. „Tatsächlich hat die Kunst durch die Spiritualisierung, die ihr während der letzten zweihundert Jahre widerfuhr und durch die sie mündig ward, nicht, wie das verdinglichte Bewußtsein es möchte, der Natur sich entfremdet, sondern der eigenen Gestalt nach dem Naturschönen sich angenähert. ... Kunst möchte mit menschlichen Mitteln das Sprechen des nicht Menschlichen realisieren. Der reine Ausdruck der Kunstwerke befreit vom dinghaft Störenden, auch dem sogenannten Naturstoff, konvergiert mit Natur, so wie in den authentischsten Gebilden Anton Weberns der reine Ton, auf den sie sich kraft subjektiver Sensibilität reduzieren, umschlägt in den Naturlaut; den einer beredten Natur freilich, ihre Sprache, nicht ins Abbild eines Stücks von ihr. Die subjektive Durchbildung der Kunst als einer nichtbegrifflichen Sprache ist im Stande von Rationalität die einzige Figur, in der etwas wie die Sprache der Schöpfung widerscheint, mit der Paradoxie der Verstelltheit des Widerscheinenden. Kunst versucht, einen Ausdruck nachzuahmen, der nicht eingelegte menschliche Intention wäre." (*Ästhetische Theorie*, 121)

Immer wieder stießen bei Adorno hart aufeinander: einerseits die Überzeugung, es gebe eine in Kategorien wie Vergeistigung, Durchartikulation usw. formulierbare Logik der Entwicklung moderner Kunst, andererseits allgemeine Betrachtungen über Kunst überhaupt, die diese wie nicht unbedingt fortschreitende, sondern auf untergründige geschichtliche Anstöße reagierende Umkreisen eines der Kunst unerreichbaren Zieles erscheinen ließen.

Im Unterschied zur Philosophie barg die Kunst ein Glücksversprechen. Sie vollbrachte, wonach die negativ-dialektische Philosophie strebte: „daß durch subjektive Leistung ein Objektives sich enthüllt" (173). Aber sie vollbrachte es nur um den Preis der Scheinhaftigkeit. Deshalb mußte jegliche Philosophie der Kunst zugleich Kritik an ihr sein. Das galt auch im Hinblick auf radikale moderne Kunstwerke, die durch ihre konstitutive Zerrüttetheit gewollt oder ungewollt doch den Schein retteten. Aber stellten die Kunstwerke auch nicht die begriffslose Erfüllung dessen dar, was die negativ-dialektische Philosophie mit Begriffen zu erreichen suchte, so stärkten sie doch deren Motivation, indem sie zur Reflexion nötigten, „woher sie, Figuren des Seienden und unfähig, Nichtseiendes ins Dasein zu zitieren, dessen überwältigendes Bild werden könnten, wäre nicht doch das Nichtseiende an sich selber" (129).

In Kants *Kritik der reinen Vernunft* findet man eine eigentümlich hoffnungsvolle Überlegung: „Es gibt eine gewisse Unlauterkeit in der menschlichen Natur, die am Ende doch, wie alles, was von der Natur kommt, eine Anlage zu guten Zwecken enthalten muß, nämlich eine Neigung, seine wahren Gesinnungen zu verhehlen, und gewisse angenommene, die man für gut und rühmlich hält, zur Schau zu tragen. Ganz gewiß haben die Menschen durch diesen Hang, sowohl sich zu verhehlen, als auch einen ihnen vorteilhaften Schein anzunehmen, sich nicht bloß zivilisiert, sondern nach und nach, in gewissem Maße, moralisiert, weil keiner durch die Schminke der Anständigkeit, Ehrbarkeit und Sittsamkeit durchdringen konnte, also an vermeintlich echten Beispielen des Guten, die er um sich sah, eine Schule der Besserung für sich selbst fand. Allein diese Anlage, sich besser zu stellen, als man ist, und Gesinnungen zu äußern, die man nicht hat, dient nur gleichsam provisorisch dazu, um den Menschen aus der Rohigkeit zu bringen, und ihn zuerst wenigstens die Manier des Guten, das er kennt, annehmen zu lassen; denn nachher, wenn die echten Grundsätze einmal entwickelt und in die Denkungsart übergegangen sind, so muß jene Falschheit nach und nach kräftig bekämpft werden, weil sie sonst das Herz verdirbt, und gute Gesittungen unter dem Wucherkraute des schönen Scheins nicht aufkommen läßt." (*Kritik der reinen Vernunft,* B 775f.) Was Kant der moralische Schein bedeutete, bedeutete Adorno der ästhetische Schein. In ihm überstieg die Menschheit provisorisch sich selbst, provisorisch sich mit sich und der Natur versöhnend. Indem es in moderner Kunst reflektiert geschah, geschah es auf beiderlei Art: überschwenglich und nüchtern. Der als Komponist nicht eben produktive Adorno bezog daraus Energie und Rechtfertigung für ein – um einen bewundernden Ausdruck von ihm auf ihn selbst anzuwenden – verwegenes Denken, das Anwalt des von der Kunst gewissermaßen verbürgten Nichtidentischen und zugleich rational sein will.

V. Die vielfältige Wirkung

Im Winter 1968/69 verpflichtete die Stadt Karlsruhe die Sängerin Carla Henius, die seit den fünfziger Jahren mit Adorno zusammenarbeitete, für eines ihrer Kammerkonzerte und ließ ihr in einem Anfall von Großzügigkeit vollkommen freie Hand in der Zusammenstellung des Programms. Sie entschied sich für Schönberg: *Georgelieder* und *Pierrot Lunaire*, beides mit Einführungsvorträgen von Adorno. Als sie den Programmentwurf vorlegte, kam es fast zu einer Panik. Sie blieb fest. Bei dem Konzert im März 1969 war der Saal mit fast 700 Plätzen nahezu ausverkauft. Die eher konservative Presse meinte nach dem Konzert, das sei ,,angesichts des musikalischen Routinebetriebs ein besonders wertvoller Beitrag zum Karlsruher Konzertwinter" gewesen. Das Gelingen aber war, so Carla Henius, ,,vor allem dem großen Glück zu danken ..., in Adorno einen Kronzeugen zur Seite zu haben, dem gegenüber auch hartnäckig bewahrte Vorurteile wie umgeblasene Kartenhäuser zusammenfielen. Und dies, obwohl er kein bequemer Publikumsverführer war und seine Zuhörer fast immer überforderte. Meist sprach er viel zu leise, und man konnte seinen sehr komplizierten Gedanken in der Schnelligkeit, mit der er das sorgfältig Konzipierte ablas, oft einfach nicht folgen. Manchmal aber löste er sich von seinem Manuskript, besonders dann, wenn man ihn zuvor daran erinnert hatte. Dann tauchte sein mächtiger Schädel mit den wachsamen runden Augen hinter dem immer viel zu hohen Vortragspult auf und seine nunmehr hinreißend freie Rede wurde dann zwar auch nicht leichter verständlich, wohl aber derart eindringlich, daß die Anwesenden gegenüber ihren vorgefaßten Meinungen von Neuer Musik doch nicht mehr ganz so selbstsicher waren und eher bereit, aufmerksam zuzuhören. So hatten wir dank seiner Glaubwürdigkeit dann, sehr wörtlich verstanden, ,leichteres Spiel'." (Henius, ,,Adorno als musikalischer Lehrmeister", in: *Melos* 12/1970, S. 491)

Was, wo es um die Neue Musik ging, für Adorno vielleicht in besonderer Weise galt, galt auch allgemein. In allem, wovon er sprach, sah er die ganze Katastrophe und die ganze Hoffnung geballt. So konnte er den einen als jemand erscheinen, der keinen Freiraum für Harmlosigkeit ließ und todernst, destruktiv oder sentimental war, den anderen als jemand, der die Erwartung des Besonderen, Erstaunlichen, Anrührenden nicht enttäuschte und eindringlich und glaubwürdig war. Im Alltag und politisch eher ängstlich, war er in seinem Denken und in der Artikulation künstlerischer und gesellschaftlicher Erfahrungen oft kühn.

Wenn er lehrte, in der Philosophie gehe es darum, zu sagen, was einem aufgehe, und mit der Kraft akkumulierter Erfahrung das gesellschaftliche Gespinst zu zerreißen und die Dinge neu zu gewahren; wenn er betonte, in der Soziologie gehe es um die Erkenntnis des unwahren Ganzen und der Wesensgesetze; wenn er in allen möglichen Zusammenhängen hervorhob, es gehe darum, offenen Auges standzuhalten und den Träumen der Kindheit und Jugend treu zu bleiben; wenn er in Überlegungen zur Musik und Literatur von der Gewalt der Rührung sprach – dann wirkte das nicht im fachwissenschaftlichen Bereich, um so mehr aber beim studentischen und außeruniversitären Publikum. Die Auseinandersetzung mit großen Gegnern, z. B. Martin Heidegger und Igor Strawinsky, schärfte die Aufmerksamkeit des Publikums. Ebenso vereinfachende, aber nicht zu einfache Frontenbildungen wie die gegenüber Positivismus und Ontologie in der Philosophie oder gegenüber Reihen-Ingenieuren und Neoklassizisten in der Musik. Einprägsame Ausdrücke und Titel wie „Dialektik der Aufklärung" und „Jargon der Eigentlichkeit", „Liquidation des Individuums" und „verwaltete Welt", überspitzte Dikta wie: „Nach Auschwitz ein Gedicht zu schreiben ist barbarisch" und pointierte Einsichten wie „Ich betrachte das Nachleben des Nationalsozialismus *in* der Demokratie als potentiell bedrohlicher denn das Nachleben faschistischer Tendenzen gegen die Demokratie" trugen ebenfalls zur Wirksamkeit bei. Das alles war getragen von einer Lebendigkeit des Denkens, die die Grenzen der Disziplinen überschritt, aber nie undiszipliniert, nie raunend war und worin die Wissenschaftlichkeit eines Experten in Musik und Soziologie spürbar blieb.

Die Produktivität Adornos, seine Interdisziplinarität, seine Zugehörigkeit zur Frankfurter Schule, seine Nähe zur Schönbergschule, seine Verwandtschaft mit anderen messianisch-materialistischen Denkern haben dazu beigetragen, seine Wirkung groß und unübersichtlich zu machen. Versucht man zu umreißen, welche Wirkung er als Einzelner hatte, könnte man folgendes aufzählen: Als Kulturkritiker hat er in den späten 50er Jahren und während der 60er Jahre die intellektuelle Szene in der Bundesrepublik nachhaltig geprägt und, wie Jürgen Habermas 1984 in seinen „Drei Thesen zur Wirkungsgeschichte der Frankfurter Schule" meinte, eine der Bedeutung Sartres und des Existentialismus in der frühen Nachkriegszeit vergleichbare Rolle gespielt. Der avantgardistischen Musik, die nach dem Krieg ihr internationales Mekka in Darmstadt mit den Ferienkursen für Neue Musik hatte, hat er wichtige Anstöße gegeben, darüber hinaus wohl auch dem jungen deutschen Film und einer avantgardistischen Lyrik den Rücken gestärkt. Mit seiner geschichtsphilosophisch orientierten Musikästhetik, die ohne Konkurrenz blieb, prägte er noch die Sprach- und Denkfiguren seiner Gegner. Der Wirkung der *Philosophie der neuen Musik* vergleichbar wurde die der *Ästhetischen Theorie* – weniger wohl unter Künstlern, um so mehr unter Literatur-, Musik- und Kunstwissenschaftlern. Durch seine hartnäckige Positivismuskritik und die Konzeption einer kritischen Soziologie trug er – als Vorläufer des weitaus intensiver und differenzierter auf die kritisierten Positionen eingehenden und sich mit aktuellen wissenschaftlichen Entwicklungen auseinandersetzenden Jürgen Habermas – zur Änderung des Selbstverständnisses der Sozialwissenschaften bei. Als Verfechter qualitativer Inhaltsanalysen lieferte er einen Anknüpfungspunkt für die Konzipierung einer kritischen empirischen Sozialwissenschaft. Durch Vorträge und Gespräche zu Themen der Erziehung und Bildung übte er Einfluß im pädagogischen Bereich aus. Die erste Auflage der *Eingriffe* in Höhe von 10000 Exemplaren war bereits im Jahr des

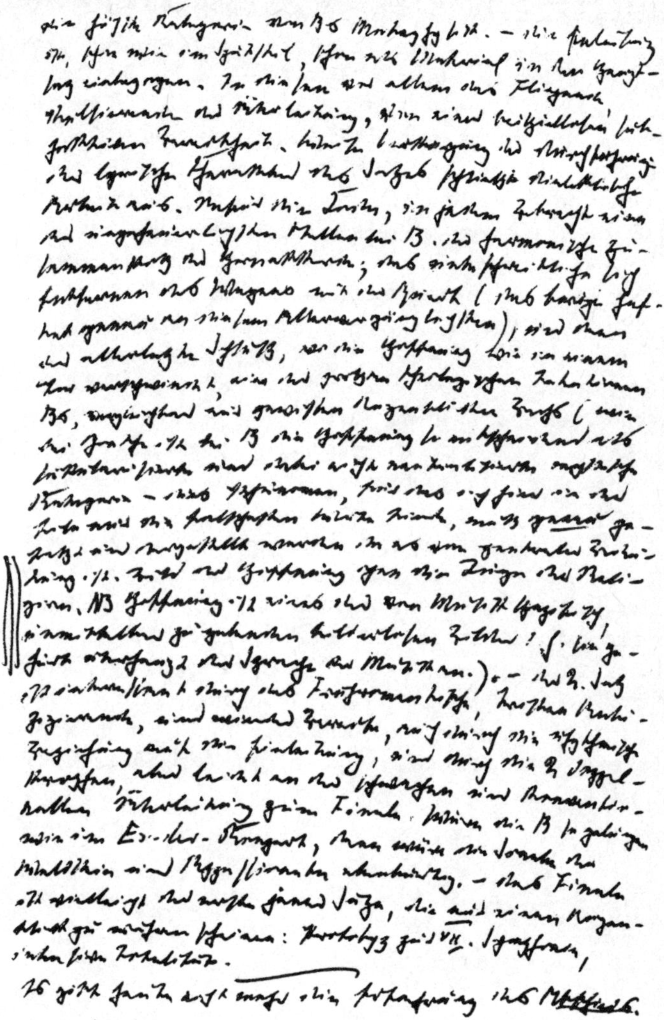

Abbildung 6: Seite aus einem Notizbuch Adornos für ein Fragment gebliebenes Buch über Beethoven

Erscheinens – 1963 – vergriffen. Die nach Adornos Tod herausgegebene Aufsatzsammlung *Erziehung zur Mündigkeit* erschien 1981 als Taschenbuch in der 7. Auflage und erreichte damit das 68. Tausend. Als Mitarbeiter der *Dialektik der Aufklärung* und als Verfasser der *Negativen Dialektik* und der *Ästhetischen Theorie* schließlich entwickelte Adorno eine Vernunft- und Zivilisationskritik, die sich in vielen Punkten mit der Heideggers und der französischen Poststrukturalisten berührt, aber gerade eine Alternative zu der – wie Horkheimer es einmal ausdrückte – „schielenden Kritik" am Rationalismus und der bisher herrschenden zivilisatorischen Rationalität bieten will. Sie will einen „rationalen Revisionsprozeß gegen die Rationalität" (*Philosophische Terminologie* 1, 87) führen, will die volle Rationalität und nicht die Abschaffung der Rationalität, das spontane Dabeisein des Subjekts und nicht dessen Liquidation, Freiheit zum Objekt und nicht dessen Anbetung oder Herrschaft.

Eine Wirkung Adornos im Ausland gab und gibt es in erster Linie in Italien, wo sich schon früh besonders avantgardistische Musikerkreise für ihn interessierten und wo außer den *Minima Moralia* die *Dissonanzen* und die *Philosophie der neuen Musik* bereits in den fünfziger Jahren übersetzt erschienen. Nimmt man Übersetzungen als Maßstab, so kann man sagen: auf Italien folgten seit den späten 60er, mehr noch frühen 70er Jahren mit einigem Abstand Spanien und Japan, dann die USA, schließlich England und Frankreich.

Anhang

1. Zeittafel

1903   Am 11. September: Theodor Ludwig Wiesengrund-Adorno in Frankfurt/M. geboren – Seit der Gymnasialzeit Kompositions- und Klavierunterricht und Bekanntschaft mit dem Architekten und Philosophen Siegfried Kracauer.

1921–24   Studium der Philosophie, Psychologie und Musikwissenschaft in Frankfurt/M. – Bekanntschaft mit Max Horkheimer und Friedrich Pollock – Beginn der Tätigkeit als Musikkritiker – Bekanntschaft mit Walter Benjamin

1924   Promotion mit der Arbeit *Die Transzendenz des Dinglichen und Noematischen in Husserls Phänomenologie* bei Hans Cornelius in Frankfurt/M.

1925   In Wien: Kompositionsunterricht bei Alban Berg und Klavierunterricht bei Eduard Steuermann

1927   Erster Habilitationsanlauf

1928–31   Redakteur der Wiener avantgardistischen Musikzeitschrift *Der Anbruch* – Aufenthalte in Berlin, wo er mit seiner späteren Frau Margarete Karplus, mit Walter Benjamin, Ernst Bloch, Bert Brecht u. a. zusammenkommt und auf eine Anstellung als Musikkritiker bei einer renommierten Zeitung hofft

1931   Habilitation mit der Arbeit *Die Konstruktion des Ästhetischen bei Kierkegaard* bei Paul Tillich in Frankfurt/M.

1931–33   Privatdozent für Philosophie an der Frankfurter Universität – Mitarbeit an der *Zeitschrift für Sozialforschung,* dem Organ des Frankfurter ,,Instituts für Sozialforschung" – Zusammenarbeit mit Horkheimer

1933   Entzug der venia legendi

1934–37   Advanced student am Merton College in Oxford – Abwechselnd in England und Deutschland

1937   Verheiratung mit Margarete Karplus

1938–40   Übersiedlung nach New York – Fester Mitarbeiter des Instituts für Sozialforschung und Direktor des musikalischen Teils des von Paul Lazarsfeld geleiteten Princeton Radio Research Project

1941–49   Übersiedlung nach Los Angeles – In Zusammenarbeit mit Horkheimer die *Dialektik der Aufklärung* geschrieben – Zusammenarbeit mit Hanns Eisler und Thomas Mann – Seit 1944 Mitarbeiter beim Berkeley Project on the Nature and Extent of Antisemitism

1949–52	Rückkehr nach Frankfurt/M., wo er 1950 außerplanmäßiger, 1953 planmäßiger außerordentlicher und 1956 ordentlicher öffentlicher Professor wird, und zwar für Philosophie und Soziologie – Macht praktisch die Hauptarbeit am Institut für Sozialforschung, dessen Leiter, Horkheimer, von 1951–53 Rektor der Frankfurter Universität ist – Mitwirkung bei der Auswertung der Darmstädter Gemeindestudie – Teilnahme an den ,,Darmstädter Gesprächen"
1952–53	Noch einmal in den USA: Wissenschaftlicher Leiter der Hacker-Foundation in Beverly Hills, Kalifornien
1953	Geschäftsführender Direktor des Instituts für Sozialforschung
1954	Arnold Schönberg-Medaille
1958	In Wien Samuel Becketts *Endspiel* gesehen (,,wirklich eine bedeutende Sache")
1959	Hauptleiter des Instituts für Sozialforschung – Deutscher Kritiker-Preis für Literatur, Berlin
1960	Wiener Gedenkrede zum 100. Geburtstag Gustav Mahlers
1961	Referate Poppers und Adornos zur ,,Logik der Sozialwissenschaften" auf einer internen Arbeitstagung der Deutschen Gesellschaft für Soziologie in Tübingen – Bei den Darmstädter Internationalen Ferienkursen für Neue Musik *Vers une musique informelle* vorgetragen
1963	Wahl zum Vorsitzenden der Deutschen Gesellschaft für Soziologie – Goethe-Plakette der Stadt Frankfurt/M. zum 60. Geburtstag
1968	Eröffnungsrede auf dem Deutschen Soziologentag in Frankfurt/M. über ,,Spätkapitalismus oder Industriegesellschaft?"
1968/69	Zunehmende Konflikte mit radikaler werdenden Studenten – Einsatz der Polizei bei der Räumung des Soziologischen Seminars und des Instituts für Sozialforschung – Sprengung der Soziologie-Vorlesung im Sommersemester 1969
1969	Am 6. August während des Urlaubs im Wallis in der Schweiz Tod durch Herzinfarkt
1977	Stiftung des Theodor-W.-Adorno-Preises durch die Stadt Frankfurt/M.

2. Literaturverzeichnis

I. Schriften von Adorno

(Angesichts der immensen Zahl der Aufsätze, Rezensionen und sonstigen kleineren Arbeiten beschränke ich mich auf die Angabe von Buchpublikationen. Wegen der Aufsätze, Rezensionen usw. siehe vor allem die Bibliographie von *Klaus Schultz* und die editorischen Nachworte zu den entsprechenden Bänden der *Gesammelten Schriften*.)

1. Einzelne Bücher

(Chronologische Angabe der Erstveröffentlichungen; in Klammern Angabe der Ausgabe, nach der im Buch zitiert wird, sofern die Zitate nicht der Erstveröffentlichung oder den *Gesammelten Schriften* entnommen sind; die meisten Bände gibt es als Neuausgaben oder in Neuauflagen auch außerhalb der *Gesammelten Schriften* im Suhrkamp Verlag.)

1933 Kierkegaard. Konstruktion des Ästhetischen. Tübingen.
1947 Zusammen mit Max Horkheimer: Dialektik der Aufklärung. Philosophische Fragmente. Amsterdam.
1949 Philosophie der neuen Musik. Tübingen (Zitate nach der 1958 in der Europäischen Verlagsanstalt erschienenen Ausgabe).
1950 Mitautor von: T. W. Adorno, Else Frenkel-Brunswik, Daniel J. Levinson, R. Nevitt Sanford, The Authoritarian Personality. New York.
1951 Minima Moralia. Reflexionen aus dem beschädigten Leben. Berlin/Frankfurt a. M.
1952 Versuch über Wagner. Berlin/Frankfurt a. M. (Zitate nach der bei Droemer/Knaur erschienenen Taschenbuchausgabe von 1964).
1955 Prismen. Kulturkritik und Gesellschaft. Berlin/Frankfurt a. M. (Zitate nach der dtv-Ausgabe von 1963).
1956 Dissonanzen. Musik in der verwalteten Welt. Göttingen.
Zur Metakritik der Erkenntnistheorie. Studien über Husserl und die phänomenologischen Antinomien. Stuttgart.
1957 Noten zur Literatur I. Berlin/Frankfurt a. M.
1959 Klangfiguren. Musikalische Schriften I. Berlin/Frankfurt a. M.
1960 Mahler. Eine musikalische Physiognomik. Frankfurt a. M.
1961 Noten zur Literatur II. Frankfurt a. M.
1962 Einleitung in die Musiksoziologie. Zwölf theoretische Vorlesungen. Frankfurt a. M.
Sociologica II. Reden und Vorträge von Max Horkheimer und Theodor W. Adorno. Frankfurt a. M.

1963	Drei Studien zu Hegel. Frankfurt a. M.
	Eingriffe. Neun kritische Modelle. Frankfurt a. M.
	Der getreue Korrepetitor. Lehrschriften zur musikalischen Praxis. Frankfurt a. M.
	Quasi una fantasia. Musikalische Schriften II. Frankfurt a. M.
1964	Jargon der Eigentlichkeit. Zur deutschen Ideologie. Frankfurt a. M.
	Moments musicaux. Neu gedruckte Aufsätze 1928 bis 1962. Frankfurt a. M.
1965	Noten zur Literatur III. Frankfurt a. M.
1966	Negative Dialektik. Frankfurt a. M.
1967	Ohne Leitbild. Parva Ästhetica. Frankfurt a. M.
1968	Impromptus. Zweite Folge neu gedruckter musikalischer Aufsätze. Frankfurt a. M.
	Berg. Der Meister des kleinsten Übergangs. Wien.
1969	Stichworte. Kritische Modelle 2. Frankfurt a. M.
	Zusammen mit Hanns Eisler: Komposition für den Film, München. (Die englischsprachige Ausgabe, für die Adorno seinen Namen aus politischen Gründen zurückgezogen hatte, erschien 1947 in New York. Die von Adorno besorgte, in Band 15 der *Gesammelten Schriften* enthaltene deutsche Ausgabe unterscheidet sich von der New Yorker und der Münchner Ausgabe.)
	Mitautor von: Th. W. Adorno u. a., Der Positivismusstreit in der deutschen Soziologie, Neuwied/Berlin.
1970	Ästhetische Theorie. Hg. von Gretel Adorno und Rolf Tiedemann, Frankfurt a. M.
	Aufsätze zur Gesellschaftstheorie und Methodologie. Frankfurt a. M.
	Erziehung zur Mündigkeit. Vorträge und Gespräche mit Hellmut Becker 1959–1969. (Auswahl aus Eingriffe und Stichworte, erweitert um „Erziehung zur Entbarbarisierung" und „Erziehung zur Mündigkeit").
	Vorlesungen zur Ästhetik. Gehalten in Frankfurt, Oktober–Dezember 1967. Hrsg. und mit Nachweis versehen von V. C. Subik, Wien (Gruppe Handsblume).
	Über Walter Benjamin. Hrsg. und mit Anmerkungen versehen von R. Tiedemann. Frankfurt a. M.
1971	Kritik. Kleine Schriften zur Gesellschaft. Hrsg. von R. Tiedemann, Frankfurt a. M.
1972	Vorlesung zur Einleitung in die Erkenntnistheorie. Frankfurt a. M. (Junius Drucke) (Nachschrift von Tonbandaufzeichnungen der im Wintersemester 1957/58 an der Universität Frankfurt gehaltenen Vorlesung).
1973	Vorlesung zur Einleitung in die Soziologie, Frankfurt a. M. (Junius-Drucke) (Nachschrift von Tonbandaufzeichnungen der im Sommersemester 1968 an der Universität Frankfurt gehaltenen Vorlesung).

Philosophische Terminologie Bd. I. Frankfurt a. M. (Nachschrift von Tonbandaufzeichnungen der im Sommersemester 1962 in Frankfurt gehaltenen Vorlesung).
Studien zum autoritären Charakter. Aus dem Amerikanischen von Milli Weinbrenner. Vorrede von Ludwig v. Friedeburg. Frankfurt a. M. (Enthält die Übersetzung des Einleitungskapitels und – fast vollständig – der von Adorno verfaßten bzw. mitverfaßten Kapitel der als Ganzes bis heute noch nicht ins Deutsche übersetzten *Authoritarian Personality*, ferner: Die psychologische Technik in Martin Luther Thomas' Rundfunkreden).

1974 Philosophische Terminologie Bd. II. Frankfurt a. M. (Nachschrift von Tonbandaufzeichnungen der im Wintersemester 1962/63 in Frankfurt gehaltenen Vorlesung).
Noten zur Literatur IV. Frankfurt a. M. (Auswahl aus Über Walter Benjamin, Kritik, Versuch das Endspiel zu verstehen und Zur Dialektik des Engagements, erweitert um „Zum Klassizismus von Goethes Iphigenie", „Rede über den ‚Raritätenladen' von Charles Dickens" und „Henkel, Krug und frühe Erfahrung")

2. Gesammelte Schriften und Editionen aus dem Nachlaß

a) Gesammelte Schriften. 20 Bände. Hg. von Rolf Tiedemann.
Frankfurt 1970–86
(Sie enthalten alles von Adorno selbst Publizierte und die im Nachlaß vorhandenen abgeschlossenen Arbeiten.)

1   Philosophische Frühschriften. 1973
2   Kierkegaard. 1979
3   Dialektik der Aufklärung. 1981
4   Minima Moralia. 1980
5   Zur Metakritik der Erkenntnistheorie – Drei Studien zu Hegel. 1970
6   Negative Dialektik – Jargon der Eigentlichkeit. 1973
7   Ästhetische Theorie. 1970
8   Soziologische Schriften I. 1972
9.1 Soziologische Schriften II. Erste Hälfte. 1975
9.2 Soziologische Schriften II. Zweite Hälfte. 1975
10.1 Kulturkritik und Gesellschaft I. Prismen – Ohne Leitbild. 1977
10.2 Kulturkritik und Gesellschaft II. Eingriffe. Neun kritische Modelle – Stichworte. Kritische Modelle 2 – Kritische Modelle 3. 1977
11 Noten zur Literatur. 1974
12 Philosophie der neuen Musik. 1975
13 Die musikalischen Monographien. Versuch über Wagner – Mahler – Berg. 1971
14 Dissonanzen – Einleitung in die Musiksoziologie. 1973
15 Komposition für den Film – Der getreue Korrepetitor. 1976

16 Musikalische Schriften I–III. Klangfiguren. Musikalische Schriften I – Quasi una fantasia. Musikalische Schriften II – Musikalische Schriften III. 1978
17 Musikalische Schriften IV. Moments musicaux – Impromptus. 1982
18 Musikalische Schriften V. 1984
19 Musikalische Schriften VI. 1984
20 Vermischte Schriften. 1986

b) Editionen des Theodor W. Adorno Archivs

(In ihnen werden in ca. 20 Bänden die im Nachlaß vorhandenen Fragmente, Vorlesungen, philosophischen Tagebücher und Briefe publiziert werden.)

Abteilung I vereint die Fragment gebliebenen Arbeiten, die früher als Supplementbände der *Gesammelten Schriften* angekündigt waren:)
1 Beethoven. Philosophie der Musik
2 Theorie der musikalischen Reproduktion
3 Current of Music. Elements of a Radio Theory

c) Kompositionen. Hg. von Heinz-Klaus Metzger und Rainer Riehn

Kompositionen Band 1: Lieder für Singstimme und Klavier. München 1980
Kompositionen Band 2: Kammermusik, Chöre, Orchestrales. München 1980

3. Diskussionsprotokolle

Max Horkheimer, Gesammelte Schriften, Bd. 12: Nachgelassene Schriften 1931–1949, hg. von Gunzelin Schmid Noerr, Frankfurt a. M. 1985. S. 349–605: Protokolle von Diskussionen, größtenteils zwischen Horkheimer und Adorno

Theodor W. Adorno und Arnold Gehlen: Ist die Soziologie eine Wissenschaft vom Menschen? Ein Streitgespräch (1965). In: Friedemann Grenz: Adornos Philosophie in Grundbegriffen. Frankfurt a. M. 1974

4. Briefe

Theodor W. Adorno und Ernst Krenek, Briefwechsel. Hg. von Wolfgang Rogge. Frankfurt a. M. 1974

Walter Benjamin, Briefe. 2 Bde. Hg. und mit Anmerkungen versehen von Gershom Scholem und Theodor W. Adorno. Frankfurt a. M. 1966

Theodor W. Adorno, Über Walter Benjamin. Hg. von Rolf Tiedemann. Frankfurt a. M. 1970. S. 103–160: Aus Briefen Adornos an Benjamin

Leo Löwenthal, Mitmachen wollte ich nie. Ein autobiographisches Gespräch mit Helmut Dubiel. Frankfurt a. M. 1980. Im Anhang drei Briefe von Adorno

Leo Löwenthal, Schriften 4. Hg. von Helmut Dubiel. Frankfurt a. M. 1984. S. 153–181: Briefwechsel Löwenthal-Adorno

Ernst Bloch, Briefe 1903–1975, 2 Bde. Hg. von Karola Bloch u. a., Frankfurt a. M. 1985. S. 407–456: Briefe Blochs an Adorno 1928–1968

II. Bibliographien

Schultz, Klaus: Vorläufige Bibliographie der Schriften Th. W. Adornos. In: Schweppenhäuser, H. (Hg.): Th. W. Adorno zum Gedächtnis. Eine Sammlung. Frankfurt a. M. 1971, S. 177–239 (führt die zu Adornos Lebzeiten veröffentlichten Bücher, Aufsätze, Vorworte usw. an; nicht vollständig, aber in großer Übersichtlichkeit, chronologisch geordnet und mit genauer Angabe z. B. des Publikationsorgans, in dem ein Aufsatz zuerst erschien)

Pettazzi, Carlo: Kommentierte Bibliographie zu Th. W. Adorno. In: Arnold, H. L. (Hg.): Theodor W. Adorno, Text + Kritik, Sonderband, München 1977, S. 176–191 (Besonderheit: enthält ausführliche Angaben über italienische Übersetzungen von Adornos Büchern und über italienische Sekundärliteratur)

Land, Peter Christian: Kommentierte Auswahlbibliographie 1969–1979. In: Lindner, B./Lüdke, W. M. (Hg.): Materialien zur ästhetischen Theorie Th. W. Adornos. Konstruktion der Moderne, Frankfurt a. M. 1980, S. 509–556 (eine Dokumentation der Rezeption der Ästhetik Adornos)

Görtzen, René: Theodor W. Adorno. Vorläufige Bibliographie seiner Schriften und der Sekundärliteratur. In: Friedeburg, L. v./Habermas, J. (Hg.): Adorno-Konferenz 1983. Frankfurt a. M. 1983, S. 402–471

III. Sekundärliteratur

(Angesichts der umfangreichen Sekundärliteratur und der vorliegenden ausführlichen Bibliographien der Sekundärliteratur beschränke ich mich auf eine Auswahlbibliographie, die vorwiegend Bücher aufführt.)

Arnold, Heinz Ludwig (Hg.): Theodor W. Adorno. Text + Kritik, Sonderband. München 1977

Beier, Christel: Zum Verhältnis von Gesellschaftstheorie und Erkenntnistheorie. Untersuchungen zum Totalitätsbegriff in der kritischen Theorie Adornos. Frankfurt a. M. 1977

Benjamin, Walter: ‚Kierkegaard'. Das Ende des philosophischen Idealismus. In: Benjamin, Ges. Schr., III, Frankfurt a. M. 1972, S. 380–383

Böckelmann, Frank: Über Marx und Adorno. Schwierigkeiten der spätmarxistischen Theorie. Frankfurt a. M. 1972

Bolz, Norbert W.: Geschichtsphilosophie des Ästhetischen. Hermeneutische Rekonstruktion der „Noten zur Literatur" Th. W. Adornos. Hildesheim 1979

Bonß, Wolfgang/Honneth, Axel (Hg.): Sozialforschung als Kritik. Zum sozialwissenschaftlichen Potential der Kritischen Theorie, Frankfurt a. M. 1982

Bonß, Wolfgang: Die Einübung des Tatsachenblicks. Zur Struktur und Veränderung empirischer Sozialforschung, Frankfurt a. M. 1982

Brunkhorst, Hauke: Theodor W. Adorno 1903–1969. In: Lothar Gall (Hg.), Die großen Deutschen unserer Epoche, Berlin 1985
Buck-Morss, Susan: The Origin of Negative Dialectics. Theodor W. Adorno, Walter Benjamin and the Frankfurt Institute. Hassocks, Sussex 1977, New York 1979
Connerton, Paul: The Tragedy of Enlightenment. An Essay on the Frankfurt School. Cambridge usw. 1980
Dubiel, Helmut: Identität und Institution. Studien über moderne Sozialphilosophien. Düsseldorf 1973
–: Wissenschaftsorganisation und politische Erfahrung. Studien zur frühen Kritischen Theorie. Frankfurt a. M. 1978
Düver, Lothar: Theodor W. Adorno. Der Wissenschaftsbegriff der Kritischen Theorie in seinem Werk. Bonn 1978
Friedeburg, Ludwig v./Habermas, Jürgen (Hg.): Adorno-Konferenz 1983, Frankfurt a. M. 1983
Früchtl, Josef: Mimesis. Konstellation eines Zentralbegriffs bei Adorno. Würzburg 1986
Gamm, Gerhard (Hg.): Angesichts objektiver Verblendung. Über die Paradoxien Kritischer Theorie, Tübingen 1985
Gever, Carl-Friedrich: Kritische Theorie. Max Horkheimer und Theodor W. Adorno. Freiburg, München 1982
Grenz, Friedemann: Adornos Philosophie in Grundbegriffen. Auflösung einiger Deutungsprobleme. Frankfurt a. M. 1974
Habermas, Jürgen: Philosophisch-politische Profile. Frankfurt a. M. 1971
–: Theorie des kommunikativen Handelns, Frankfurt a. M. 1981
–: Der philosophische Diskurs der Moderne. Zwölf Vorlesungen. Frankfurt a. M. 1985
Heiseler, Johannes Henrich v., Robert Steigerwald und Josef Schleifstein (Hg.): Die ,,Frankfurter Schule" im Lichte des Marxismus. Zur Kritik der Philosophie und Soziologie von Horkheimer, Adorno, Marcuse, Habermas. Frankfurt a. M. 1970
Held, David: Introduction to Critical Theory. From Horkheimer to Habermas. London usw. 1980
Honneth, Axel: Kritik der Macht. Reflexionsstufen einer kritischen Gesellschaftstheorie, Frankfurt a. M. 1985
Honneth, Axel/Wellmer, Albrecht (Hg.): Die Frankfurter Schule und die Folgen. Referate eines Symposiums der Alexander von Humbold-Stiftung vom 10.–15. 12. 1984 in Ludwigsburg. Berlin 1986
Horkheimer, Max (Hg. im Auftrag des Instituts für Sozialforschung): Zeugnisse. Theodor W. Adorno zum sechzigsten Geburtstag. Frankfurt a. M. 1963
Jay, Martin: The Dialectical Imagination. A History of the Frankfurt School and the Institute of Social Research, 1923–1950. Boston, Toronto 1973. Deutsch: Dialektische Phantasie. Die Geschichte der Frankfurter Schule und des Instituts für Sozialforschung, 1923–1950. Vorw. von

Marx Horkheimer. Frankfurt am Main 1976
–: Adorno. London 1984
Kaiser, Gerhard: Benjamin. Adorno. Zwei Studien. Frankfurt a. M. 1974
Knapp, Gerhard P.: Theodor W. Adorno. Berlin 1980
Kolleritsch, Otto (Hg.): Adorno und die Musik. Graz 1979
Lindner, Burkhardt und W. Martin Lüdke (Hrsg.): Materialien zur ästhetischen Theorie Theodors W. Adornos. Konstruktion der Moderne. Frankfurt a. M. 1980
Löbig, Michael/Schweppenhäuser, Gerhard (Hg.): Hamburger Adorno-Symposium. Lüneburg 1984
Löwenthal, Leo: Mitmachen wollte ich nie. Ein autobiographisches Gespräch mit Helmut Dubiel. Frankfurt a. M. 1980
Lunn, Eugene: Marxism and Modernism. An Historical Study of Lukács, Brecht, Benjamin, and Adorno. Berkeley usw. 1982
Lyotard, Jean François: Adorno come diavolo. In: Intensitäten. Berlin 1977
Mörchen, Hermann: Adorno und Heidegger. Untersuchung einer philosophischen Kommunikationsverweigerung. Stuttgart 1981
Naeher, Jürgen (Hg.): Die Negative Dialektik Adornos. Einführung – Dialog. Stuttgart 1984
Oppens, Kurt u. a.: Über Theodor W. Adorno. Frankfurt a. M. 1968
Reijen, Willem van: Adorno zur Einführung. Hannover 1980
–: Philosophie als Kritik. Königstein/Ts. 1984
Rose, Gillian: The Melancholy Science. An Introduction to the Thought of Theodor W. Adorno. London etc. 1978
Scheible, Hartmut: Wahrheit und Subjekt. Ästhetik im bürgerlichen Zeitalter. München 1984
Schmidt, Friedrich W.: Hegel in der Kritischen Theorie der ‚Frankfurter Schule'. In: Negt, Oskar (Hg.): Aktualität und Folgen der Philosophie Hegels, Frankfurt a. M. 1971
Schmucker, Joseph F.: Adorno – Logik des Zerfalls. Stuttgart 1977
Schnebel, Dieter: Einführung in Adornos Musik. In: O. Kolleritsch (Hg.): Adorno und die Musik. Graz 1979
Schoeller, Wilfried F. (Hg.): Die neue Linke nach Adorno. München 1969
Schwarz, Ullrich: Rettende Kritik und antizipierte Utopie. Zum geschichtlichen Gehalt ästhetischer Erfahrung in den Theorien von Jan Mukařovský, Walter Benjamin und Theodor W. Adorno. München 1981
Schweppenhäuser, Hermann (Hrsg.): Theodor W. Adorno zum Gedächtnis. Eine Sammlung. Frankfurt a. M. 1971
Slater, Phil: Origin and Significance of the Frankfurt School. A Marxist Perspective. London, Boston 1977
Söllner, Alfons: Geschichte und Herrschaft. Studien zur materialistischen Sozialwissenschaft 1929–1942. Frankfurt a. M. 1979
Szondi, Peter: Über eine „Freie (d. h. freie) Universität". Stellungnahmen eines Philologen. Frankfurt a. M. 1973. Darin: S. 55 ff. über Adornos Vortrag „Zum Klassizismus von Goethes ‚Iphigenie'"

Vacatello, M.: Th. W. Adorno: Il rinvio della prassi. Firenze 1972
Wellmer, Albrecht: Zur Dialektik von Moderne und Postmoderne. Vernunftkritik nach Adorno. Frankfurt a. M. 1985
Wiggershaus, Rolf: Die Frankfurter Schule. Geschichte, Theoretische Entwicklung, Politische Bedeutung. München 1986
Wolin, Richard: Walter Benjamin. An Aesthetic of Redemption. New York 1982
Zeitschrift für Musiktheorie, Heft 1, 1973. Sonderheft Adorno

3. Personenregister

Adorno, Gretel (geb. Karplus) 17
Ahasver 72
Anders, Günther 33

Bach, Johann Sebastian 121
Baudelaire, Charles 116
Beckett, Samuel 26, 101, 113, 118f., 120
Beethoven, Ludwig van 17, 20, 26, 87, 102, 111
Benjamin, Walter 7, 8, 15, 17, 18, 29, 30, 31, 32, 44, 46, 53, 56, 87, 88
Berg, Alban 16
Bloch, Ernst 7, 15, 17, 29, 30, 31
Bonß, Wolfgang 92
Brecht, Bertolt 17, 58, 61, 88, 107, 113
Breton, André 31

Calvelli – Adorno della Piana, Maria 12
Celan, Paul 118, 120
Cornelius, Hans 14, 15, 17

Dirks, Walter 24

Eisler, Hanns 23

Flaubert, Gustave 117
Flowerman, Samuel H. 77
Fourier, Charles 56
Frenkel-Brunswik, Else 77
Freud, Anna 77
Freud, Sigmund 17, 31, 42, 76
Friedrich, Hugo 31
Fromm, Erich 61, 65, 71, 72, 74, 77, 78

Gehlen, Arnold 89

George, Stefan 17, 112
Grünberg, Carl 18
Guevara, Ernesto Che 120

Habermas, Jürgen 40, 60, 74, 128
Hacker, Friedrich 24
Hegel, Georg Wilhelm Friedrich 15, 35, 36, 39, 101
Heidegger, Martin 14, 26, 28, 29, 32, 33, 127, 129
Henius, Carla 126
Hindemith, Paul 12
Homer 50
Honneth, Axel 55, 60
Horkheimer, Max 7, 8, 9, 10, 14, 18, 19, 20, 21, 22, 23, 24, 35, 39, 48, 61, 63, 69, 71, 72, 74, 77, 93, 95, 99, 100, 129
Husserl, Edmund 14, 19, 33, 35
Huxley, Aldous 26, 53

Jaspers, Karl 29, 53
Jung, Eduard 12

Kant, Immanuel 14, 17, 39, 124f.
Kantorowicz, Ernst 18
Kierkegaard, Sören 16, 17, 40
Klages, Ludwig 53
Kolisch, Rudolf 16
Kommerell, Max 18
Korsch, Karl 7
Kracauer, Siegfried 7, 12, 14, 15, 16, 17, 28, 29, 30, 31, 100, 105
Krenek, Ernst 105

Lazarsfeld, Paul 20, 21, 62, 92, 93, 96
Leibniz, G. W. 104
Lenya, Lotte 17

Levinson, Daniel J. 77, 78
Löwenthal, Leo 14
Lukács, Georg 7, 14, 15, 16, 18, 32, 43
Lunn, Eugene 32

Mahler, Gustav 16
Mann, Thomas 12, 23, 39
Mannheim, Karl 18, 19
Marx, Karl 30, 63, 72, 91, 99
Mead, George Herbert 60
Mignon 72
Myrdal, Gunnar 78

Nenning, Günther 18
Nietzsche, Friedrich 40

Odysseus 49, 50, 67
Ortega y Gasset, José 53
Orwell, George 26

Parsons, Talcott 91
Pollock, Friedrich 61
Popper, Karl R. 97

Riesman, David 76
Rosenberg, Arthur 63
Rühmkorf, Peter 26

Sanford, R. Nevitt 77

Sartre, Jean Paul 82, 128
Scheler, Max 14, 17
Schirach, Baldur von 18
Scholem, Gershom 29
Schönberg, Arnold 16, 17, 25, 102, 106, 108, 109, 110, 111, 112, 118, 121, 126
Schopenhauer, Arthur 18, 40
Sekles, Bernhard 12
Shils, Edward A. 84
Simmel, Georg 12
Spinoza, Baruch de 41
Stendhal 113
Steuermann, Eduard 16
Strawinsky, Igor 108, 117, 127

Tillich, Paul 17, 18

Valéry, Paul 31
Verlaine, Paul 68
Vossler 23

Wagner, Richard 18, 115 f.
Weber, Max 105
Webern, Anton 123
Weil, Felix 18
Weil, Hermann 18
Weill, Kurt 17
Wertheimer, Max 18
Wiesengrund, Oskar 12
Wittgenstein, Ludwig 32

4. Sachregister

Älteres/Zurückgebliebenes 68, 123
Analysen, qualitative 93 ff.
Antisemitismus 23, 71, 78 f., 82
Atonalität, freie 106, 108, 110

Besonderes 28, 33, 36

Charakter, autoritärer 71 f., 77, 79 f.

Dialektik 21, 32, 35, 121, 122
–, nicht-idealistische bzw. negative 33 ff., 36 f.
Dissonanz 102, 109, 115 ff., 120

Entmythologisierung 105 f.
Erfahrung 9, 11, 27, 28, 42 f., 60, 94, 102 f., 109, 114, 122, 127

Fortschritt 106f., 122f.
Fremdes 27, 46, 122

Glücksversprechen 49, 59, 113, 124

Herrschaft/Macht 63f., 66, 99
Hoffnung 28f.

Identitätsprinzip/identifizierendes Denken 36, 48
Immanenzphilosophie 34
Individuum/Individualität 63, 66, 74, 76f., 81, 101
Intellektueller 11

Konstellation 31
Konstruktion 106
Kulturindustrie 86ff.
Kunst und Gesellschaft 102ff., 111f., 117f.

Leben, richtiges 57ff.

Marxismus/marxistisch 8, 17, 32, 56, 104, 122
-- westlicher 7, 9, 32
Material 103, 105, 110, 114
Materialismus 18, 32
– messianischer 7
Mimesis/mimetisch 44, 51, 73, 115, 120
Moderne 31, 112, 114, 116, 118

Natur 27, 40, 41, 43, 44f., 48f., 54, 56, 123
Naturbeherrschung, naturverfallene 47f., 51, 53, 60
Neues 29, 68, 118, 120
Nichtidentisches 9, 36, 37ff., 59, 115, 125

Objekt 40ff.
Opfer 50, 52

Phänomenologie 14, 19, 94
Positivismus 32f., 91, 97f., 127

Rationalitätsbegriff, erweiterter 27f.
Rezeptivität, aktive 8, 111, 121, 122

Selbsterhaltungsprinzip 50, 63, 67
Sozialforschung, kritische empirische 92, 96
Spontaneität 58f., 109
Subjekt/Subjektivität 27, 33, 37, 40ff., 50, 54, 118
– selbstherrliches 34, 45, 53, 76
– sich besinnendes 40, 43f., 52f., 55f., 59, 75
System 28, 38, 109

Tauschprinzip/Tausch 50, 55, 66f.
Technik 46f., 55f., 110, 122f.
theologische Motive 18, 39, 40, 44
Theorie, Kritische 8
Theorie der Gesellschaft 60f., 91, 97ff.
Totalität 31, 33, 35, 36, 39

Ursprungsphilosophie 34

Verdinglichung 15, 31
Vermittlung 33, 37, 45
Verschiedenes 27, 38
Versöhnung 30, 31, 37ff., 46, 113f., 115, 120
Vorurteil, soziales 69ff.

Zivilisation 49ff., 70f.

Große Denker

Herausgegeben von Otfried Höffe

Adorno, von Rolf Wiggershaus
Albertus Magnus, von Ingrid Craemer-Ruegenberg
Bacon, von Wolfgang Krohn
Berkeley, von Arend Kulenkampff
Camus, von Annemarie Pieper
Freud, von Alfred Schöpf
Galilei, von Klaus Fischer
Jaspers, von Kurt Salamun
Kant, von Otfried Höffe
Marx, von Walter Euchner
Quine, von Henri Lauener

Weiter Bände in Vorbereitung